可怕的事实

罗 寅 编译

光明日报出版社

图书在版编目（CIP）数据

可怕的事实 / 罗寅编译 . -- 北京：光明日报出版社，2012.6（2025.1 重印）
ISBN 978-7-5112-2399-9

Ⅰ . ①可… Ⅱ . ①罗… Ⅲ . ①科学知识－普及读物 Ⅳ . ① Z228

中国国家版本馆 CIP 数据核字 (2012) 第 076558 号

可怕的事实

KEPA DE SHISHI

编　译：罗　寅

责任编辑：李　娟　　　　　　　　　责任校对：红　卫
封面设计：玥婷设计　　　　　　　　封面印制：曹　净

出版发行：光明日报出版社
地　　址：北京市西城区永安路 106 号　100050
电　　话：010-63169890（咨询），010-63131930（邮购）
传　　真：010-63131930
网　　址：http://book.gmw.cn
E－mail：gmrbcbs@gmw.cn
法律顾问：北京市兰台律师事务所龚柳方律师

印　　刷：三河市嵩川印刷有限公司
装　　订：三河市嵩川印刷有限公司
本书如有破损、缺页、装订错误，请与本社联系调换，电话：010-63131930

开　　本：170mm×240mm
字　　数：200 千字　　　　　　　　印　　张：13
版　　次：2012 年 6 月第 2 版　　　　印　　次：2025 年 1 月第 4 次印刷
书　　号：ISBN 978-7-5112-2399-9
定　　价：45.00 元

序 言
PREFACE

你是不是觉得，身边有一个淘气的小弟弟或者小妹妹在你的睡袋里挖鼻孔、放屁就已经是一件很可怕的事情了？但是不管你相信与否，此刻世界上正在发生的一些事情比这要恐怖得多。甚至连完全应该更加懂事的大人们，也在做一些确实很可怕的事。

比如，你知道吗？在有些地方，人们并不让死者入土为安，反而连续好几个小时（甚至好几年）保存他们的尸体，让这些尸体参加家庭庆典。还有一些地方的人们吃腐烂的食物——这并不是因为他们忘了去商店，而是因为他们确实喜欢吃。你知道有些动物会活生生地把它们的猎物吃下去吗？你知道除了你自己之外，你的体内还存活着哪些生物吗？想知道这些问题的答案吗？如果想，那么请好好看这本书，它就是专门为你准备的。

　　这本书中汇集了关于人体、食物、动物、历史以及科学等方面的种种可怕的事实，有些人在恐怖方面还创造了世界纪录。但这并不意味着你一定要超越他们，比他们做得更可怕。有些事情确实非常危险，做这些事情的人都是经过好几年的训练之后，才成功地达到了目标。你能想象花上好几年的时间来训练自己吃蜗牛或者用耳垂悬挂重物吗？几乎不可想象吧？所以还是做一些更有意义的事情吧。最重要的是要珍惜目前的生活。如果你凑巧不断地打饱嗝，一连打了 90 年，或者长了一条和战舰一样长的眉毛，那么请和吉尼斯世界纪录组委会联系。要不然，还是把这些可怕的事情留给专家去做吧。

　　现在，准备好被吓得一身冷汗了吗？那么请继续看下去吧……

目 录
CONTENTS

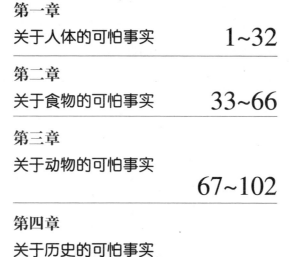

一件件不可思议的事情，一个个让人恐怖的事实
带给你的却是一页页的阅读快感，一个个的思想启迪

扫码获取更多资源

第 一 章

关于人体的可怕事实

◎ 你的胃酸酸性非常强，强到能够把钢制剃刀刀片溶解掉——尽管如此，吃刀片可不是什么好主意。

在任何时刻，你的嘴巴里都生存着数量超过 1 亿的微生物。

吃了含有牛囊尾蚴的牛肉后，人体会感染上牛肉绦虫。牛肉绦虫在人体肠道内可以长到 12 米长。

◎ 埃及已经死亡了 3000 多年的法老的指纹依然完好无损，和他刚刚死去时一样。

从前，为了把孩子们训练成马戏团的杂技、演员，训练员会把孩子们的身体绑成奇怪而痛苦的姿势，以此来锻炼他们身体的柔韧性。

◎ 1970 年，一个长期在逃的惯偷在瑞士的苏黎世被抓住了。作案时，他的指头被玻璃割断而留在了犯罪现场，割断的指头的指纹正好和他留在警察局里的指纹记录相符，警察通过指纹比对后，成功地抓到了他。

在 19 世纪，做火柴的女工们经常会得一种叫"烂下巴"的病。因为当时的火柴是用磷做的，所以她们的下巴中了磷元素的毒后会整个烂掉。

◎ 平均每个人每天在排泄物中失去 200 毫升水分。

◎ 在极度害怕时，你之所以会变得脸色苍白是因为血液从你的脸上流到别处去了。

蛔虫在人体内能够长到 30 厘米长，长到这个长度之后，如果不吃药，它可能会从人体体表的任何一个空隙或者孔洞（包括眼角）钻出来。

◎ 你的体内或体表任何时刻都生活着 200 种以上的生物。

◎ 1973 年，意大利的一群绑匪把绑架来的孩子的一只耳朵割下来，寄给他非常富有的祖父——约翰‘保罗’格迪，然后他们得到了超过 300 万美元的赎金。

> 所有生存在你体内的细菌合起来可以装满 6 茶匙。

◎ 如果把你体表的所有细菌挤成一堆，那么它们大约能占据一个豌豆那么大的空间。

> 很久以前，富人在自己的烂牙被拔掉之后，会购买穷人（通常是年轻的穷人）嘴里拔下的好牙安在自己嘴里。

> 如果你的呕吐物看起来像你刚刚吃下去的食物，那么不必怀疑，它确实就是你刚刚吃下去的东西。如果它呈糊状，那是因为你吃下去的食物已经在你的胃里消化了。

◎ 蛲虫会使你感到屁股痛，因为它们在夜间会溜到肛门周围产卵。

每天都有 100 亿片皮屑从你身上掉落。

◎ 腹泻时排出的大便有时候是白色的，是因为粪便中含有少量的肠道上皮。

◎ 尿液中不含细菌，这是经过事实证明的：因无风而停航或者遭遇海难的船只上的水手曾经喝过尿液，但未产生任何不良反应。

◎ 在过去，远东的牙医仅凭双手就把病人的牙齿拔出来。中国那时候的牙医通过用手从木头中拔出钉子来练习拔牙。

成人双脚上的 25 万个毛孔每天排出 1/4 杯的汗液——4 天你就可以泡一杯"脚汗茶"。

◎ 人体需要睡眠，两周不睡人就会死亡。

◎ 吃了会让你放屁的食物有：蚕豆、糠、椰菜、球芽甘蓝、圆白菜、花椰菜和洋葱。

◎ 感染了绦虫虫卵的猪肉被人吃进去以后，虫卵会在人体内孵化成幼虫。幼虫在人体内到处游走，并可寄生在人的脑部、眼睛、心脏或者肌肉等处。

全球至少有13亿人体内长有一种能够固定在内脏壁上的小钩虫。这些小钩虫大量聚集的时候，外观看起来像皮毛或者厚地毯。人类每天被它们吸走的血液有10万升。

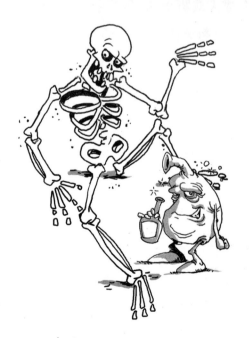

◎ 一种被称为蛇摩奴（摩奴：印度神话中的人类祖先，古印度《摩奴法典》的制订者）的印度人可以将小蛇，包括致命的眼镜蛇放进自己的嘴巴里，然后让它们从自己的鼻子里爬出来。

在古代墨西哥，人们把婴儿的头部绑得很紧，目的是让他们的头骨变得又长又细。

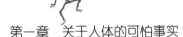

> **脓是死亡的血细胞、细菌和体内其他死亡细胞的混合物，伤口受感染后会流出黄色的脓水。**

◎ 埃塞俄比亚的穆尔西有这么一种风俗：少女会在自己的下嘴唇里放入陶盘，以便将嘴唇往外撑。盘子的大小代表男子为了娶到她们而必须拿出的牛的数目，其中最大的盘子直径有 15 厘米。

◎ 和体表死亡皮肤细胞层粘在一起的汗液会让人长痱子。由于死亡的皮肤细胞无法脱离人体，被它所覆盖的汗液就无法蒸发，导致死亡皮肤细胞层下的活细胞肿胀，痱子就这样产生了。

◎ 螨虫是一种体形微小的动物，和蜘蛛同属蛛形纲。大多数人的睫毛、眉毛、耳朵和鼻子里都生有螨虫。

> **英国雕塑家马克·昆在 1991 年创作了一个名为"自我"的作品。这个作品是昆用自己深度冻结的血液制作出来的他本人头部的复制品。他用了 5 个多月的时间，从自己身上收集了大约 4 升的血液，然后把它们倒入自己头部的模型中冰冻起来。**

◎ 心脏的每一次跳动都泵出大约 70 毫升的血液。

◎ 吴策线虫能够寄生在人体淋巴系统内，并长至 12 厘米。

◎ 在非洲的一些地区以及太平洋一些岛屿上，人们故意在自己身上制造有突起花纹的伤疤。他们先用植物锋利的穗或者刺割出伤口，然后在伤口上涂以特殊的泥土或者叶子以产生彩色文身。他们用这些文身来显示自己的勇敢，或者把这些文身当作装饰。

你排出的粪便中大约有 1/3 不是食物新陈代谢后的产物，而是帮助你消化的细菌和少量肠道上皮的混合物。

在一些国家，胎儿出生后，人们会把剪下来的脐带（它的作用是把胎儿和母亲连接起来）晒干并保存起来作为符咒或者药物。

◎ 在任何时刻，你体内的寄生虫的重量都占你体重的 1/100。

◎ 人类的头发每个月仅长长 1 厘米多。

任何一个房间里都有尘螨，它们生长在床褥、地毯、垫子和其他任何一个温暖且有皮屑的地方，它们的食物就是我们一刻不停地在脱落的皮屑。

◎ 如果把人体内两个肾里面所有的肾小管都头尾连起来，它们将绵延 80 千米。然而，它们蜷曲起来却能够装在只有 10 厘米长的肾里面。

一种在温暖的水体里常见的阿米巴虫会在人游泳的时候通过鼻子游到脑部，并寄生在里面。它的繁殖速度非常快，3 ～ 7 天就能使人死亡。

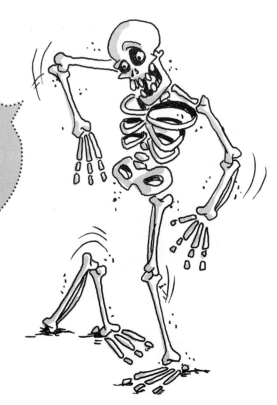

◎ 你一生产生的尿液有 4.5 万升——它们足以装满一个小游泳池。

◎ 古老的中医针灸技术需要把许多非常细长的针刺入人体。它所依据的理论是：将针插入人体的"能量枢纽"（即穴道）可以减轻痛楚，治愈疾病。

尿液对治疗水母蜇伤有很好的疗效。所以，如果你站在海里的时候被水母蜇到，请马上往自己的腿上尿尿。

◎ 头虱可以根据作为它藏身之所的头发的颜色来改变自己身体的颜色。

在欧美，抽脂手术在那些自认为太胖的人士中颇为流行。所谓的抽脂手术是这样的：外科医生把一根长而中空的针刺入脂肪多的部位——比如肚子、大腿，然后利用超声波把脂肪转化成黄色的糊状物，再用针把脂肪吸出来。

脚癣是由生长在温暖多汗的脚趾头之间的真菌引起的，它会导致脚痒，并使部的皮肤开裂。

◎ 人体最会出汗的部位是手掌，其次是脚掌。

吉埃及人制作木乃伊时，会用一把特制的长柄勺通过死者的鼻子把他的脑髓挖出来，挖出来的脑髓通常都扔给动物吃掉。

◎ 耳屎的学名叫耵聍，它是由你耳朵里 4000 多个腺体产生的。

◎ 头皮屑不只长在你的头发上，也有可能长在你的眉毛上。

如果你刷牙时没有把齿菌斑刷掉，它会硬化成牙垢。牙垢像水泥一样硬，用牙刷无法把它刷掉。

◎ 嚼口香糖和咬麦秆都会让你比平时更能放屁，因为这两项"运动"会使你吸人更多的空气。

◎ 一种除去面部皱纹的整容手术是这样的：先切除脸上的部分皮肤，再把剩余部分皮肤拉紧，然后把它和另外一边皮肤缝在一起。

◎ 有些人通过往脸上注射胶原质来消除皱纹，使面部变得丰满。用于注射的胶原质是一种皮肤纤维，通常是从猪或者牛身上提取的。

如果你一直都赤脚，那么脚底板的皮肤会变厚，变硬。在脚底板变厚变硬后，即使你走在尖硬的石头上面，也安然无恙。

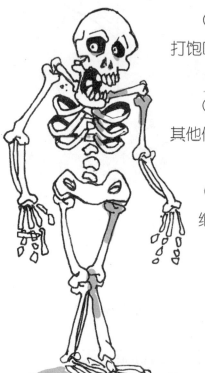

◎ 居住在中东的贝多因人认为：在饭后打饱嗝是有礼貌的表现。

◎ 除了手掌、脚底板和嘴唇，你身体的其他任何部位都长有毛发。

◎ 仅仅一滴血液里面就有2.5亿个血细胞。

剧烈的呕吐会使得人眼圈发黑，因为呕吐产生的压力使得眼睛周围的血破裂。

罗马人曾经用尿液清洁牙齿，直到19世纪，欧洲人还拿尿液来漱口。

◎　皮下出血会造成青肿。皮下出血后，由于没有伤口，血液无法流出，所以只能四下扩散，形成青肿。青肿处之所以是紫色的，是因为该处的血液中不含氧。

◎　即使一个秃头人士的头上也有纤细的头发，人们称之为"毫毛"。

◎　如果你能将自己所有的血细胞（它们总共有2500亿之多）排列起来，它们能够绕地球4圈。

你肚脐上的油腻物是污垢、死亡的皮肤细胞和体表油脂的混合物。

◎　医学上称打嗝为"呃逆"。

◎ 脐带将胎儿和母亲连接起来。剪断后的脐带留在婴儿肚子上的那一头逐渐萎缩后，就形成了肚脐。

绝大多数人一天放 14 个屁。

◎ 到印度提鲁帕提庙的朝圣者都会献出自己的部分头发作为祭品。为此，提鲁帕提庙雇用了 600 个理发匠昼夜不停地给这些朝圣者剪头发，这些理发匠一年可以剪下 650 万个人的头发，剪下来的头发部分卖给了做假发的人，部分作为肥料肥田。

◎ 所有美国人一天用掉的厕纸连接起来可以绕地球 9 圈。

◎ 你吞咽进去的空气，还有体内消化食物时产生的气体，是变成饱嗝打出来还是成为屁放出来，取决于它们在你的肠子里通过了多长的距离。

喷射性呕吐的史上最远距离是 8 米。

◎ 老练的马蝇捕捉者能在 3 米开外或者更远的距离击中一只马蝇。

在人死亡之后，内脏中的细菌会从内部开始分解尸体。

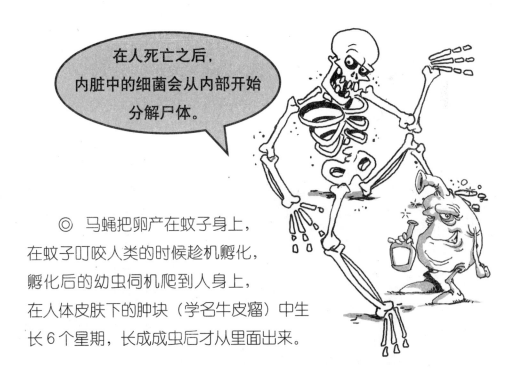

◎ 马蝇把卵产在蚊子身上，在蚊子叮咬人类的时候趁机孵化，孵化后的幼虫伺机爬到人身上，在人体皮肤下的肿块（学名牛皮瘤）中生长 6 个星期，长成成虫后才从里面出来。

◎ 一个艺名叫英格玛的男演员让医生给他做了一个手术，在自己的头上安上了两个角。他希望将来某一天能够再给自己装上一条尾巴。

◎ 世界某些地方的人通过戴上很重的耳环来拉长耳垂。有时候悬挂在耳垂长长的大洞上的重物重达半千克。

◎ 英语中挖鼻孔的专有名词是 Rhinotillexomania。

◎ 在你正常呼吸的情况下，气流以 6.5 千米每小时的速度穿过你的鼻孔；在你闻什么东西时，气流的速度是每小时 32 千米；在你打喷嚏时，气流的速度可达每小时 160 千米。

◎ 伤疤是这样形成的：血液中的血小板先形成一层很细的纤维组织，这层纤维组织能阻止血细胞的流出，并把它们固定在一个层结上，层结干化后就凝结成了伤疤。

◎　如果把你体内的所有血细胞首尾相连，它们可以绕地球 2 圈多。

一种称为"行尸走肉"的精神疾病会导致患者认为自己身体某个部位消失了，或者以为自己已经死亡。

◎　把人体内所有的铁元素提取出来可以做成一枚铁钉。

◎　你的身体吸收了你摄入食物的 2/3，其余的 1/3 食物经过新陈代谢后变成了粪便。

赤脚行走的人容易感染钩虫。钩虫钻入脚底皮肤后，会通过血液到达肺部，再从肺部钻出来，爬到咽喉。然后它们会在人们进食的时候，趁机和食物一起进入消化道，在内脏开始自己的新生活。

◎　尸体之所以迅速地变成灰色，是因为血液流向了人体最接近地面的那一侧。这种效果在肤色白皙的人身上尤其明显。

◎ 右撇子的人右胳膊容易出汗，左撇子的人左胳膊容易出汗。

◎ 生活在大城市的人比那些生活在空气清洁的乡村的人有更多的耳屎。

你房间里大约一半的灰尘（包括你打扫房间时吸入真空吸尘器的那些）是老化脱落的皮屑。

◎ 你肠子的长度是你身高的 4 倍。你的肚子能容下它们是因为它们是蜷曲着挤在一起的。

◎ 一个成年人全身大约有 500 万根毛发。

感染鹅口疮后。你的舌头上会长出白色毛状的真菌。

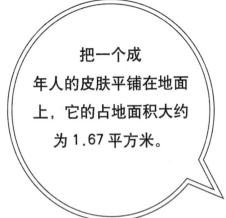

把一个成年人的皮肤平铺在地面上，它的占地面积大约为 1.67 平方米。

◎ 鼻屎是干化的黏液和你呼吸的空气中过滤出的异物的混合物。这些异物包括花粉、灰尘、烟尘、泥土、沙子，甚至还包括来自太空的微粒。

◎ 人体头部腺体会分泌油类物质，头皮屑就是由灰尘以及和这种油类物质粘在一起的死亡皮肤共同构成的。如果头部分泌的油类物质过多，头皮屑就会很显眼。

◎ 婴儿的头部会长出棕色的、厚厚的、鳞屑状的斑，被称为"摇篮帽"。由于婴儿头发很少，这些斑看起来很明显。

◎ 一个人每天大约产生 1.5 升的唾液，并把它们中的大部分重新吞到肚子里。

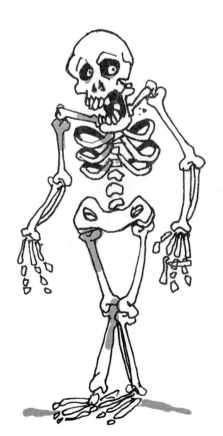

◎ 你每天都要掉 80 根头发——但是别担心，你头上有 10 万多根头发，所以不会很快秃顶。而且在你年轻的时候，头发再生的速度很快。

在你的一生中，你的心脏大约泵出 1.82 亿升的血液。如果血液供应量无限的话，在一个月不到的时间里心脏泵出的血液就可以将一个游泳池充满。

◎ 胡须的生长速度比人体其他毛发的生长速度都要快。如果一个男人一辈子不剪胡须，它将长到 9.1 米长。

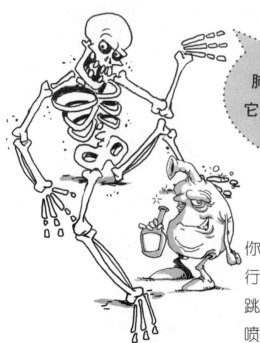

如果把你肺部里面所有的小肺泡展开，它们将占据一个网球场那么大的面积。

◎ 在你打喷嚏的时候，你身体所有的功能都停止了运行——甚至连你的心脏也停止了跳动。所以持续时间很长的一阵喷嚏有可能引发心脏病。

◎　你脸红的时候，你的胃也会变红，因为脸红时大量的血液除了流向面部的微小血管外，还会流向胃部的微小血管。

目前已发现
的人体内最长的绦虫
有 33 米长。

◎　在你呕吐时，会使食物进入消化道的一系列肌肉运动逆转运行，把食物推出消化道。

◎　食物在你的身体"旅行"——从人口到排泄——需要两天的时间。

斑疹或者丘疹是由一种叫作皮脂的蜡质油类物质以及聚集在毛孔中的小片死亡皮肤引起的。在它们大到足以撑开你的毛孔，使空气可以流入的时候，它们会变成黑色。当细菌开始分解其中的黏性物质时，斑疹会变成红色，并产生黄色的脓汁。

◎　平均 10 万个人当中有一个人两只手上都生有 6 个指头，不过多出的那一个指头通常只有一小截。

◎ 蛔虫是肠道内最常见的寄生虫，它看起来非常像蚯蚓。吃了受粪便污染的食物后，人体很有可能会感染蛔虫。

臭屁和臭鸡蛋含有同一种发出臭味的气体—硫化氢。

◎ 如果把你肺里所有的肺泡排成一条长队，它们将会延伸2400多千米。

如果你耳朵里的耳垢过多，医生会先将它软化，再用耳匙把它掏出来。

◎ 丹麦天文学家第谷·布拉赫戴着一个金属做的鼻子，因为他自己的鼻子由于患了梅毒，已经烂掉了。

有些时候，如果一个人的眼珠在事故中从眼眶里掉出来，悬挂在脸颊上，他可以把眼珠重新推回眼眶而不会产生任何不良影响，但是你可千万别试！

◎ 人在睡觉的时候不会眨眼睛。在这种情况下，水、油类物质和其他一些清洗眼球的化学物质的混合物就无法被清除。于是，它们在眼角边上干化，形成易碎、黏糊糊的黄色眼屎。

◎ 绝大多数人每天产生1.7升的尿液。

汗液本身没有什么气味，所谓的汗臭味是由分解汗液的细菌产生的。

斑疹伤寒症引起的溃疡

会导致肌肉腐烂，有时候甚至会使脚趾和手指整个烂掉。

◎ 如果你把一个成年人体内所有的神经细胞取出来并将它们首尾相连，它们将延伸75千米长。但是，显然别人不会乐意你这么做。

◎ 男人年纪大的时候会长耳毛，女人则不会。

◎ 你吃进去的食物会像衣服在洗衣机里那样在胃里翻滚 4 个小时。

> 脚有时候闻起来很臭，是因为很多细菌和真菌喜欢生活在脚上。尤其是当脚处于潮湿、闷热的环境中和流汗的情况下，闻起来特别臭。因为在这个时候，以死亡皮肤和汗液为生的细菌会特别活跃，它们能够分解汗液，产生臭气。

◎ 如果你参加一场吐唾沫比赛，看一些食物或者食物的照片会让你取得更好的成绩。如果旁边没有这类东西供你观看，那么在脑里想象一下你最喜欢吃的食物吧，这会让你嘴里的口水"泛滥成灾"。

> 如果你的呕吐物是绿色的，那么说明除了胃里的东西外，它还含有肠道里的胆汁。胆汁和胃酸会使得呕吐物的气味非常难闻。

◎ 坏死性筋膜炎会引起肌肉从内部开始腐烂，并一块块地掉落。患者身上可能会因为腐烂形成直径达 15 厘米的洞。

◎ 你的眼睛每年产生 4.5 升眼泪——所以即使你没有哭，这些眼泪仍然能使你的眼睛保持湿润。

◎ 胃能够分泌一种黏液防止胃酸溶解胃壁，也阻止了胃酸从内部开始消化人体。

在 1993 年，一种生活在水中的肠道寄生虫进入了威斯康星州的供水系统。它感染了 50 万人，并夺取了 100 个人的生命。

◎ 胃发出的咕噜咕噜声（科学家们称之为腹鸣）是半消化的食物、气体还有胃酸混合着搅动的声音。

◎ 在死亡之后，人体会脱水并收缩，这样就造成了尸体的头发和指甲仍然在生长的假象。

◎ 如果你离一个极大的声源很近，譬如说大规模爆发的火山，或者一场大爆炸的现场，你的耳膜就会由于受压过大而破裂。

你指甲里的细菌比马桶坐垫上的细菌还要多。

◎ 为了节省空间，98%的日本人死后的遗体不实行土葬，而是被火化掉。

打喷嚏的时候，你的嘴里和鼻子里会喷出数以百万计的病毒。仅仅其中的一个就有可能使别人传染上某种疾病。

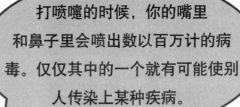

◎ 婴儿出生的时候没有膝盖骨。他们的膝盖骨在2～6岁的时候才长出来。

◎ 在巴勒斯坦，想生男孩的孕妇会服一味药剂。人们把新生婴儿剪下的脐带烧掉，研磨成粉做成这种药剂。

◎ 在接触空气之前，尿液并没有气味。接触空气后，尿液中一种叫尿素的化学物质开始分解成氨，于是就有了尿味。

◎ 患了孟希豪生综合征的人虽无真正的疾病，却很有看病的欲望。威廉·姆克洛由于得了这种病，想方设法地让医生给自己动了400多次手术。他甚至通过制造假名、经常搬家来满足自己看病的欲望。

人的耳屎要么是白而且干燥，要么是黑而且黏糊。这是一种遗传性特征，亚洲人或者亚裔的耳屎通常是干燥的。

◎ 粪便之所以闻起来很臭，是因为你肠道内的微生物在分解食物时产生了两种恶臭物质：吲哚和粪臭素。

◎ 耳朵里的 2000 多个腺体会分泌耳屎以阻挡灰尘、尘土和微生物深入你的耳朵。耳屎会逐渐硬化，慢慢移到耳朵边上并掉落出来。如果耳屎没有掉落出来，它会硬化结成 2.5 厘米长的耳屎块。

人工瓷制假牙在 19 世纪才发明出来，在那之前，需要假牙的人戴的都是直接从尸体上拔下的牙齿。

◎ 法国国王路易四世的胃是常人的两倍。

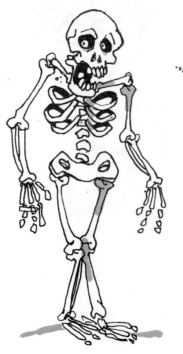

在 19 世纪晚期，有一个法国演艺者通过控制放屁的节奏来演奏"音乐"。

◎ 一个绰号叫"蜥蜴人"的男艺人的舌头是分叉的，因为他把自己的舌头从舌尖到中部切开了。而且，他的身上还有绿色的鳞片文身。

新生婴儿大约每60个小时就会排出相当于他自身体重的大便。

◎ 大约每隔27天左右，你身上的皮肤会更新一次；在你的一生中，你的皮肤总共更新1000多次。一个活到70岁的人一生中脱落的皮屑有47.6千克重。

◎ 只需3千克的力量就可以把人的耳朵扯下来——千万不要试！

法国国王路易十四的脚在他老的时候开始腐烂。有一次，他的一个贴身男仆在这位国王的袜子里发现了一只烂掉的脚趾头。

◎ 把人体内的脂肪全部提取出来可以做成7块肥皂。

◎ 腹泻的时候，肠道不会从食物中吸收水分，反而会向食物中注入更多的水分，帮助它变成汤状，通过消化系统排出体外。

◎ 人体火化后，骨灰的平均重量是4千克。

◎ 你嘴巴里细菌的数量比世界人口总数还要多。

◎ 耳屎有各种各样的颜色，包括黄色、灰色、褐色和南瓜橙色等。

◎ 一个成年人体内含有的水分可以装满3大水桶。

西班牙的伊丽莎白女王夸耀说，在她的一生里，她只洗过两次澡：一次是在出生时，一次在婚礼前。

◎ 头在离开躯体后，在几秒钟之内仍然具有意识。

如果你处于非常严寒的环境中，你的手指或者脚趾会被冻伤。它们会慢慢地腐烂，变黑，到最后你不得不把它们切除以阻止腐烂进一步扩散。

在死亡之后，人体的脑电波仍能持续 37 个小时。

◎ 泰国克伦部落的女性有在脖子上戴金属圈的传统。该部落的女孩在 5 岁生日的时候戴上第一个金属圈，以后每隔一两个月就增加一个。如果把这些金属圈从她们的脖子上移走，由于她们的脖子长时间戴着金属圈而变得非常虚弱，所以将无法支撑头部。因此在克伦部落，移去金属圈成了一个非常有效的惩罚措施。

◎ 在说话的时候，我们每分钟喷出大约 300 个唾沫星儿。

◎ 从前在斯堪的纳维亚国家，人们会烧掉孩子换下的第一颗牙齿，以免巫婆找到这颗牙齿，利用它来对孩子施咒。

疥螨能够在人体皮肤里面挖出长长的孔道，让人奇痒无比。

◎ 只需把一个人体内的硫黄提取出来，就可以杀死一条狗身上所有的跳蚤。

每一分钟内有3万～4万个皮肤细胞从你身体上掉落。

◎ 你从食物中摄取的供你一天活动的能量，只够把4汤匙的水从0℃加热到沸腾。

英国一个名叫戈弗雷·希尔的男子除了拥有正常的10个手指外，另外还有两个大拇指。因此曾经有人认为他是外星人，也有人认为他是传说中的救世主。

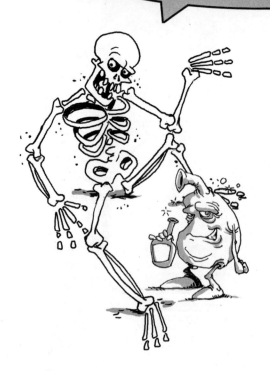

◎ 如果你想闭紧嘴巴来阻止自己呕吐，那么很抱歉，呕吐物会从你的鼻孔喷出来。

◎ 你一生中大约会产生3.3万升尿液。

第 二 章
关于食物的可怕事实

◎　贝多因人在婚宴上有时候会吃烤骆驼，他们在骆驼里面塞上一只羊，在羊里面塞上几只鸡，在鸡里面又塞上鱼，而在鱼里面呢，则塞上几个鸡蛋。

◎　在 19 世纪，用磨碎的骨头拌和面粉是很常见的做法，这样能使面的味道更好。

在一次英国国王亨利五世举办的圣诞节宴会上有如下几道菜：鲤鱼的舌头、烤海豚和插在果冻上的鲜花。

◎　一个体型中等的人一生大约会吃掉 22700 千克的食物。

蜂蜜其实是蜜蜂的呕吐物。蜜蜂采集花蜜后，将花蜜在体内转化成蜂蜜，然后再将蜂蜜吐出来，储存在蜂巢中。

在日本你可以吃到章鱼味的、牛舌头味的、仙人掌味的、鸡翅昧的和螃蟹昧的冰激凌。

◎ 罗马皇帝尼禄养着一个"贪食者"——一个埃及奴隶。那个奴隶会吃下别人给他吃的任何东西。

◎ 为了做出特别酥嫩的牛肉，日本人把牛养在暗处，给它们喂啤酒，并雇用专门的按摩师一天三次地用手给它们按摩。

臭鱼头是阿拉斯加的一道传统菜肴。人们把鱼头（通常是大马哈鱼的头）埋在长有苔藓的坑里几个星期或者几个月，直到它们腐烂。然后把鱼头揉碎，使各个部分混在一起，这样就可以吃了。

◎ 阿根廷的高卓人骑马时会在马鞍下面放一片牛肉，由于他们一整天都骑在马上，这片牛肉也就不停地被挤压，最后变得很软，在牛肉变软之后，再把它生吃掉。

◎ 早在 9 世纪，西班牙的巴斯克人就开始猎鲸了。那时候的人认为鲸鱼的舌头是一种美味。

◎ 印度人把很多个蚂蚁一起烤了之后，碾成一团做成调味品。

18 世纪有一个做超级大鸡蛋的方法是这样的：在一个动物的膀胱里放入 20 个鸡蛋的蛋黄搅拌均匀，再把它们倒入另外一个装有 20 个鸡蛋的蛋白的动物膀胱中一起煮。

◎ 在 1919 年，一阵糖蜜潮席卷了美国的波士顿。由于一个糖蜜储存罐破裂，750 万升的糖蜜冲入了街道，产生的两层楼高的"糖潮"还将一些房屋冲倒了。

◎ 中国有一道叫醉虾的菜是通过把活虾浸在米酒里做成的。在吃醉虾之前，你要用筷子夹住醉虾，然后先把它的头咬掉。

在第二次世界大战期间，
英国政府鼓励人民尽可能地吃野生食物，给他们发放
关于烤松鼠、秃鼻乌鸦砂锅、炖八哥、烤麻雀等食
物的菜谱。

◎ 世界上可以吃到的奇怪的油炸食品有：油炸章鱼、油炸海草、油炸香蕉、油炸酸奶油和油炸鱿鱼。

美国一家名为"昆虫俱乐部"的餐馆只供应
昆虫做的菜肴。这家餐馆的菜单上有蟋蟀比萨饼、昆虫巧克
力和"昆虫地毯"——种用蟋蟀、大黄粉虫幼体
和蓝纹奶酪做成的蓬松的馅饼。

◎ 作为一种传统，死刑犯的最后一餐非常丰盛可口。在美国的一些州，所谓的"最后一餐"并非真的是死刑犯在世上吃的最后一顿饭，而是在死刑执行前的一到两天提供的。人们称之为"特殊的一餐"。

◎ 榴梿是一种足球般大小的水果，外面都是刺。尽管它闻起来很臭，但是味道据说不错。

古罗马宴会上通常都有的两道特色菜，即烤睡鼠和包在胡桃壳里的蜂鸟。他们在睡鼠肚子里塞满东西，有时候还把睡鼠放在蜂蜜和罂粟籽里滚一下。由于许多人都很喜欢吃睡鼠，统治者甚至让农民专门饲养睡鼠。

◎ 在斯洛文尼亚，人们还保持着饲养睡鼠的习惯。他们把睡鼠养肥之后，炖了吃掉。

◎ 在尼泊尔的一些地方，人们常就着牦牛奶做的黄油喝红茶。

在第一次世界大战期间，德国极度缺乏食物，人们不得不把狗还有马杀了吃掉，甚至连动物园里袋鼠也不放过。

生活在东欧的犹太人有一种食物，即将牛蹄炖成胶状。

◎ 挪威有一种食物是这样做的：人们把捕捉来的鳟鱼放进撒了一点盐的水里，然后把它放在阴凉的地方，譬如说车库里面放上几个月，就算做成了。

◎ 在文莱，人们把西谷椰子的浆汁加水炖几小时后做成一种叫 Ambuyat 的食品。尽管 Ambuyat 是一种食物，有时人们也用它来胶屋顶。

◎ 同样是在文莱，腐烂的西谷椰子里面的西谷虫经过烹饪后也是一道菜。

在澳大利亚北部，孩子们经常捉绿蚂蚁吃。他们捉住绿蚂蚁后，先捏碎它们的头使得它们无法咬人，然后将剩下的部分吃进肚里。

◎ 在马达加斯加，人们把西红柿和斑马肉放在一起做成炖肉。

◎ "梅干"是美国囚犯发明的一种酒。犯人们把水果、方糖、水和番茄酱混在一起，放在箱子里发酵一个星期来制取"梅干"。在一些监狱，由于"梅干"引发了太多的纪律问题，监狱管理者干脆不准囚犯吃水果。

日本大阪的一家餐馆有一种冰激凌是用小须鲸的脂肪做成的。

◎ 在日本乡村，人们用木炭把蝾螈和小蜥蜴烤熟后，就着莴苣把它们吃掉。

尼加拉瓜人生吃乌龟蛋
他们在皮革一样的蛋壳上开一个孔，往蛋里撒点热的调味料，就直接吸食里面的汤汁。

◎ 哥伦比亚的电影院有卖包在圆锥形的纸包里的大蚂蚁，其中一种是煎蚂蚁，一种是烤蚂蚁。

◎ 在加拿大的纽芬兰岛，海豹鳍做的馅饼是人们庆祝海豹捕猎期结束时的一道传统菜肴。

生活在美国路易斯安那州南部的人很喜欢吃短吻鳄烤肉串。

◎ 在韩国，人们把圆白菜放入陶罐里，用盐腌制数个月后才拿出来吃。这就是韩国人的泡菜，在各种类型的宴席上都可以吃到。

在斐济，有一道菜是这样做的：人们让一头猪饿上一个星期，在它饿得受不了的时候喂它小牛肉。几个小时后，人们把猪杀死，拿出被猪消化了一半的小牛肉，做成菜吃。

◎ 美国的得克萨斯州每年都举办一次围捕响尾蛇的活动。怎么处置捉到的响尾蛇呢？答案是先将响尾蛇剥皮，清除内脏，再切成一块一块，和着牛奶鸡蛋一起煎熟。

◎ 在得克萨斯州，蛇的另外一种烹调方法是：把蛇的脑袋砍掉，剥掉蛇皮，去除内脏，然后穿在一根棍子上，放在篝火上面烤。

在中国，冻鸭血也是一道菜。

◎ 在中美洲，人们在后院就经常可以抓到鬣蜥，鬣蜥因此而成了一种大受中美洲人喜欢的免费食物。

龙虾或者淡水鳌虾头部里那些绿色的黏状物据说比虾肉还好吃。一些美国人在吃完龙虾身体上的肉之后，会把这些黏糊糊的东西从头部吮吸出来吃掉。

◎ 丹麦有一种叫 Oellebroed 的汤，它的原料是面包。只要把陈黑麦做的面包浸入水中，加入啤酒和糖煮沸，就可以了。这种汤通常就着奶油一起喝。在丹麦你可以买到即食的 Oellebroed 粉，只要往里面加一些水就可以吃了。

◎ 斯帕姆是一种用来做三明治馅的午餐肉。在一次斯帕姆烹饪赛事上，一个参赛者用斯帕姆做出了饼干！

在加拿大，油炸的鳕鱼舌头很受人们欢迎。

◎ 印度尼西亚的食品商店里有出售整只的熏蝙蝠。

◎ 香港的麦当劳有卖一种用面包片包起来的甜玉米派，其外形类似于西方的苹果派。

◎ 在一场评选烹调蚯蚓的最佳方式的国际赛事中，人们想出了各式各样烹调蚯蚓的方法，如炖蚯蚓、色拉蚯蚓以及蚯蚓汤等。最后获胜的烹调方式是：惊喜苹果酱蛋糕。猜一下蛋糕里所谓的惊喜是什么吧……

◎ 杰克·富勒在 1811 年被埋在了英国苏塞克斯郡的一座金字塔里。据当地人说，金字塔里面的情形是这样的：杰克·富勒坐在一张桌子旁，桌子上放着一只烤鸡和一瓶波尔图葡萄酒。

◎ 日本的点心店把鸡的软骨组织油炸后作为点心出售。

43

◎ 一些北极探险者曾经因为吃了北极熊的肝而中毒。这是因为北极熊吃了很多鱼，这使它们肝里蓄积的维生素D达到了致命的浓度。

◎ 美国宾夕法尼亚州的一家饭店卖的一种汉堡重达4千克。至今仍无人能一次性吃完一整个。

鱼鳔是鱼身上的一个器官，它相当柔软，能够使鱼稳稳当当地停留在某一水层。在中国，有一种汤就是用鱼鳔做的。

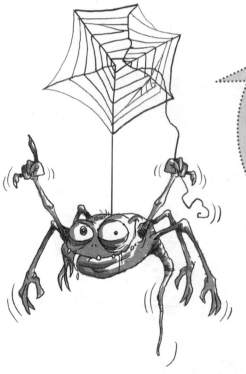

贝多因人把驼峰埋在地下，然后在地面烧一堆火烘烤驼峰。他们把驼峰挖出来吃时，虽然驼峰的上面部分已经熟了，可是它的底部绝大部分仍然都是生的，而且还往下滴血。

◎ 在苏格兰的奈斯郡，塘鹅（一种海鸟）的幼鸟经常成为人们的盘中餐。其中鹅掌是最好吃的一部分。

你可能不知道
因纽特人会做海鸥酒。
他们的做法是把一只海鸥
放入一瓶水里，等海鸥开
始腐烂时，这酒就算
做成了。

◎ 油炸鸡爪或者鸭爪是中国
的一道美味。在美国，人们有时
候把整只鸡爪腌制或者做成汤。

◎ 在西西里还有日本，人们
生吃海胆的卵。

在菲律宾，人们认为鱼眼是清蒸鱼身上最
好吃的部位，他们通常把鱼眼珠里面的东西都吸进肚子里，
除了硬硬的角膜。

◎ 马麦脱的味道很好，英国人将它涂
在吐司上作为佐料，它是用酿啤酒时剩下
的酵母泥做成的。

中国的蛇酒里面
放入了活蛇的胆汁，是
一种酒劲很足的酒精
饮料。

◎ 在威尔士，常用秃鼻乌鸦做的馅饼引诱吃庄稼的鸟类。如果没有这种馅饼，那些鸟就会去吃庄稼。

英国伦敦一道传统菜肴的做法是：先把鳗鱼煮熟，然后把它放在果冻里冷却。

◎ 海狸鼠是一种啮齿类动物，有时生活在水中。在路易斯安那州，它们是一种家养宠物。当地的专家鼓励居民吃海狸鼠，可是因为它们的味道不怎么样，所以没什么人接受专家的建议。

在美国南部，人们并不把松鼠的脑髓取出来，而是直接烹饪。在烧熟之后，你可以撬开松鼠的脑袋，用手指和刀叉挖脑髓吃。

◎ 有一些囚犯的食欲不是一般地好。1994年被执行死刑的理查德·比文的最后一顿饭包括如下食物：6份加黄油和糖的法国吐司、6份烤排骨、6份熏猪肉、4个炒鸡蛋、5个香肠馅饼、1份加了番茄酱的炸薯条、3份奶酪、2份加了巧克力软糖的黄蛋糕和4盒牛奶。

◎　干肉片是南非的橄榄球球迷喜欢的一种点心。它可以是任何动物（包括大象、大羚羊、羚羊）的肉风干而成。

◎　在瑞典，人们用面粉、驯鹿的血还有盐巴来做汤团。

> 河豚体内有一种有毒的腺体。如果没有把这个腺体清除干净，食用河豚的人会中毒而死。尽管如此，河豚在日本仍然是大家喜欢吃的一种美味。

◎　纽约一个饭店出售的一种煎蛋制作成本为 1000 美元，它的名字叫作"亿万美元龙虾煎蛋饼"。它里面有一整只龙虾、280 克鱼子酱，以及鸡蛋、奶油、土豆和威士忌。

◎　在美国的佐治亚州，囚犯最后一顿饭花费的限额为 20 美元（此为 2004 年的价格限额）。

◎　在匈牙利，人们用刚杀掉的猪流出来的血炒鸡蛋。

◎ 在意大利，人们非常喜欢吃小燕雀，这导致许多种类的燕雀由于人类的食用而彻底消失。

很多便宜的肉类制品，比如香肠和汉堡，是用所谓的"机械恢复肉"做的。"机械恢复肉"指的是那些清洗骨头时洗下的肉末，还有动物身上剁碎的肉，这些肉已经不具备其他用途。

◎ 在菲律宾，人们拿鸡头炖汤或者将整个鸡头烤熟吃。

世界上有些地方的人把水母晒干腌制了食用，而吉尔伯特群岛上的人把水母的卵巢油炸了吃。

◎ 阿兹特克人给那些做人祭的人吃很多顿"最后的一餐"——他们用一年的时间把作为人祭的人养胖。

◎ 把面粉、黄油和调味品用鸡皮包起来，整个放入鸡高汤中煮，就做成了俄国的一种犹太食品：灌肠。灌肠煮熟后，人们把它弄干，切成一片片作为点心。

◎ 在中国和日本，人们把干的海蜇片买回去后，会将它在水里浸泡一段时间，待其体质回软后才进行烹饪。

◎ 古代的希腊人、埃及人和罗马人都会在临刑前让死囚最后吃上一顿。

◎ 中国人吃的藤壶（一种蔓足亚纲的海洋甲壳类动物）有成年人的拳头那么大。

在世界上许多地方，包括日本、智利和法国，人们都生吃海胆的生殖器官。

◎ 在西班牙的布尼奥尔小镇每年都举行"番茄大战"，在大战中，2.5万多人往彼此身上扔的番茄大约有100多吨，积在街道上的番茄汁则有30厘米高。

◎ 烤驯鹿是瑞典和挪威的一道国菜。

49

◎ 在萨摩亚群岛，人们把海参的内脏放在装有海水的罐子里出售，称为"海黄瓜"，其实它和黄瓜一点也搭不上边。

龙舌兰酒的酒瓶里装有仙人掌的球茎。

◎ 在英国，在田野中打猎得到的野生哺乳动物和鸟类经常会被挂起来，直到"恰到好处"的时候才取下来。"恰到好处"指的是它们开始腐烂。

非洲马赛马拉地区的人在活着的动物的脖子上割开一个小口，把流出来的血液和牛奶混合起来，然后用麦秆饮用这种"饮料"。

◎ 酵母是一种小型真菌，在制作面包、酿制啤酒和葡萄酒的过程中均有用到。它能够分解营养物质中的糖类，产生气体。这些气体形成了啤酒和葡萄酒中的气泡与面包中的小孔。

◎ 在世界各地的菜市场都有卖活鳗鱼。人们买了鳗鱼后，通常都是要烧之前才把它们杀掉。但是如果你不想提着一个一路扭动的鳗鱼袋子回家，你可以叫摊主当场把它杀掉。

猩猩的嘴唇
在维也纳曾经是
一种美味。

◎ 英国的黑布丁实际是用包有脂肪块的冻猪血做的香肠，人们经常把油炸黑布丁当作早餐。

◎ 冰激凌之所以有一种滑滑的口感，是因为里面含有一种海藻提取物。

欧洲部分地区，包括东欧的人们会吃幼鳗。
幼鳗非常细，在烧熟之后，它们像意大利面条一样互相缠绕在
一起。

◎ 法国人在煮小牛的眼睛之前，会先把它放在水里浸泡一段时间。煮熟后，他们往眼睛里面塞佐料，再把它包在面团里油炸。

◎ 美国许多州不允许死囚在吃最后一顿饭时喝酒或者抽烟。

◎ 牛舌头一般有2.3千克重，经常和牛的唾液腺一起出售。

为了做出昂贵的鹅肝，人们强迫鹅吃进过量的谷物将它催肥。这样的话它的肝就会比正常养大的鹅的肝大好几倍。

◎ 在欧洲，有一些人把猪血或者牛血和大米、牛奶还有糖混在一起烘焙，做成血布丁。

英国有一种非常凶猛的鳗，叫七鳃鳗。人们在烧七鳃鳗时用的调料，正好是用它自己的血做的。

◎ 在墨西哥，人们喝的龙舌兰酒杯底经常放有一只虫子。这种酒的正确喝法是把酒和虫子一起吞到肚子里。

◎ 在过去，欧洲的吉卜赛人和贫穷的农民在肚子饿的时候会吃刺猬。他们把刺猬用泥巴裹起来，放在火堆下面烘烤。泥巴干了之后，刺猬身上的刺会和泥巴一起脱落。

◎ 维也纳街头有卖烤狗肉的。他们卖的狗的后半身还带着一条完好无损的尾巴。

鱼子酱其实是鲟鱼的鱼卵。

鲟鱼非常珍贵，人们有时候不得不在鲟鱼身上做一场手术，以便得到鱼子酱的同时又不伤害鲟鱼，使它可以继续产生鱼卵。在取出鱼卵之前，需要把鲟鱼的内脏清除干净，只有这样，取出的鱼卵才会尽可能新鲜。

◎ 鬣蜥肉在中南美洲非常昂贵。

◎ 法国一种叫Cervelas的香肠是用猪脑做的。

美国人养殖了一种以谷物为主食的金色幼虫，它的名字叫面包虫。美国人把它们放在装着米糠的罐里，作为一种食品出售。米糠是给面包虫吃的，如果没有米糠，面包虫会互相吞食。

◎ 北非一些阿拉伯国家的人们会吃羊的眼珠。

◎ 在中国，人们把熊掌包在黏土里烤。烤熟之后，熊掌上的皮毛会和黏土一起脱落下来。

◎ 法国人有时候会把在酒窖里捉到的老鼠烧了吃。烧的时候，他们用葡萄酒桶当柴火，而调味品则是红酒味的。

> 在 19 世纪，营养学家弗兰克．巴克兰德发明了诸如老鼠土司、烤鹦鹉和炖海蛞蝓之类的菜。他还试过用象鼻做汤，不过在煮了好几天之后，象鼻还是很坚韧。

◎ 在中国，燕窝是一道美味。燕窝是一种特殊的燕子——金丝燕用自己凝固的唾液结成窝。在做燕窝汤之前，人们先把燕窝浸入水里泡软，然后把树枝、羽毛之类的杂物除去。

◎　块菌是一种生长于欧洲森林地下的菌类。块菌中的极品具有非常高的营养价值。人们通常利用猪来嗅出块菌的位置。

◎　在中世纪，人们烤孔雀的时候通常不把羽毛拔掉。而且为了不让羽毛被烧着，他们会先往孔雀皮里充气，烤熟后再把皮刺破，使气体放出。这样上菜时孔雀身上还有羽毛，看起来栩栩如生。

◎　在罗马帝国的一次宴会上，一个奴隶剖开了一头烤野猪的胃，结果一群画眉从里面飞了出来。

◎　在美国得克萨斯州，人们有时候把犰狳连着它们的壳一起烤，同时在里面塞满胡萝卜、苹果和土豆。

◎　在中国，人们把龙虱（水蟑螂）的翅膀和腿去掉，将它烤着吃。

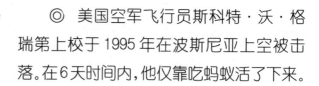

维也纳，眼镜蛇的心脏是一道很普通的小吃即使它仍在跳动，人们也照样生吃。你可以就着眼镜蛇的蛇血把它吞下去，也可以把它放入一杯米酒中，和着酒一起喝下去。和蛇心一起吃的一般还有好吃的蛇肾。

◎ 在一些没有食品加工设备或者刀叉的国家，母亲把食物咀嚼后喂给婴儿。

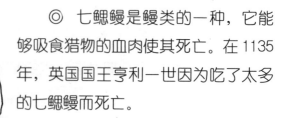

世界上保存到现在的最古老的"口香糖"有9000年的历史。

◎ 美国空军飞行员斯科特·沃·格瑞第上校于1995年在波斯尼亚上空被击落。在6天时间内，他仅靠吃蚂蚁活了下来。

◎ 七鳃鳗是鳗类的一种，它能够吸食猎物的血肉使其死亡。在1135年，英国国王亨利一世因为吃了太多的七鳃鳗而死亡。

◎ 鳗鱼皮非常难剥，有时甚至得动用钳子才能把它剥掉。

> 最早的烘烤土豆的两种方法是加熊脂肪烤或加枫树糖浆烤。

◎ 人们通常把骆驼脚放在清水里煮熟，然后就着酸酱油吃。只有小骆驼的脚才称得上是美味。

◎ 骆驼脚也可以放在骆驼奶中煮。

◎ 苏格兰杂碎八宝菜，是将切碎的绵羊或牛的心、肺、肝与板油，洋葱、燕麦片和调味料混合在一起，放在羊胃或者牛胃里煮。

> 英国一家餐馆的菜单上最近新加了蜗牛粥这道菜。

◎ 澳大利亚土著人喜欢生吃木蠹蛾幼虫，在他们吃的时候，虫还在蠕动。另外一种方式稍微文明一些：他们在吃之前，先把幼虫串起来，放在火上烤几分钟。

◎ 萨摩亚群岛上的人生吃腌制的水母。

◎ 有些犹太人会吃炖熟的牛乳房。

◎ 在法罗群岛，肚子里塞了大黄的角嘴海雀是一道很受欢迎的菜。

在中国黑龙江和吉林省交界处生长着一种木盐树，也有人把它叫作食盐树。每年夏季，木盐树的树干上就会分泌出一种雪白的霜，被称为盐霜，其质量可与上等精盐相媲美，当地人都用它来炒菜。

◎ 在某些地区，人们把鲨鱼的鳍用盐腌制，再晒干后做成鱼翅，作为一种食物。它煮熟后看起来像一碗胶水，因为鲨鱼鳍里含有大量的胶质。

◎ 在墨西哥，人们将一种黑色的巨型光胸臭蚁的卵裹在玉米卷中，蘸着鳄梨调味酱享用。

◎ 古罗马的宴会上有时候会出现一道大家都喜欢吃的好菜：火烈鸟的舌头。

杀人犯维克托·费古尔在他的最后一餐只吃了一个橄榄。

◎ 尽管已经过去了几千年，古埃及墓里发现的蜂蜜经过考古学家品尝后，证实仍可食用。

> 有一些生活在亚马孙流域的人喜欢将狼蛛的虫卵和鸡蛋一块煎着吃。

◎ 如果吃的胡萝卜太多，你的皮肤会变成橘红色。

◎ 在某些地区，油炸蟋蟀是人们喜爱的一种食物。

> 日本纳豆的制作方法是：把大豆放在稻草里任其腐烂，直到它变得黏糊糊并且臭不可闻。

◎ 发放给美国空军士兵的空军生存手册里记载了在危急情况下，吃哪些虫子能品尝到最好的味道，并获得最多的营养。

◎ 美国俄克拉荷马州爆炸案制造者蒂莫西·麦克维吃的最后一顿饭是将近2升的薄荷巧克力片冰激凌。

◎ 澳大利亚超市里有售用木蠹蛾幼虫做成的罐头。

◎ 法国人每年吃掉4万吨蜗牛。

◎ 据说，在面包虫还活着的时候就将它烧着吃味道更好。

中国人和西班牙人都吃海蛤蝓。它通常以干货形式出售，人们把它买回家后需要把它放入水中，使它重新变得又湿又软。

世界上很多地方的人都喜欢喝用血做成的汤。在波兰有一种叫"Czernina"的鸭血汤；在韩国，有一种用猪血凝结成的血块做成的汤叫"Seonji-guk"；而在菲律宾，人们吃一种用猪血炖成的叫"Dinuguan"的汤？

◎ 美国爱荷华州立大学的昆虫学系出版过一本教人如何用昆虫烹饪的菜谱，包括香蕉虫面包、蘸着蟋蟀糖水汁吃的饼干和奶酪，以及油炸面包虫米饭。

◎ 北美洲有人在吃晒干的蛆。

在加纳出产的肉类有一半来自老鼠。

◎ 在中美洲的婚宴上经常有的一道菜是泡在蜂蜜里的蚂蚁。

在古巴，人们烤全猪的时候会把猪的脑壳切开，这样可以用勺子挖猪的脑髓吃。

◎ 瑞典一个糖果推销员在 1973 年逝世之后，被装进了一个用巧克力做的棺材里。

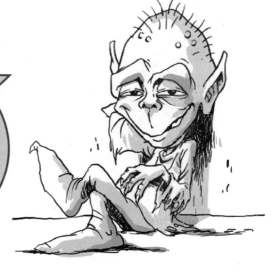

休洛树盛产于非洲东部，它的树干能分泌一种特殊的白色液体，这种液体带有天然的酒的醇香，甚至能将人迷醉，当地人把它当作天然的美酒招待远方的客人。

◎ 韩国有一道叫"Sannakji"的美味是用仍然在扭动的章鱼触须做成的。

在菲律宾，尽管鸡蛋或者鸭蛋里面有发育成形但是没有孵出来的小鸡或者小鸭，人们也照样把它们做成菜。如果你在菲律宾吃饭的时候不想点这道菜，请记住它的名字叫"Balut"。

◎ 在英国和美国，人们总是活吃生牡蛎。

◎ 在柬埔寨，铁板烤蜘蛛是一种很受欢迎的街头小吃。

和英国的腌野猪肉相似，美国的一种美味头肉冻是将猪或牛等动物的整个头煮至烂泥状，再使其冷却到类似果冻的一团。

◎ 在中国，人们报复毒蝎子的方式是：把它们烤了吃掉。据说它们吃起来像腰果的味道。

美国阿拉斯加州的土著印第安人把大马哈鱼的鱼卵埋在罐子里，90 天后，等鱼卵彻底腐烂时才把它取出来吃。

◎ 食米鸟是鸣禽的一种，体型很小，数量稀少。直到 1999 年，在法国食用食米鸟仍然是合法的。人们把它们养在黑暗的笼子里，催肥到正常体形的 3 倍大，再把它们放在白兰地里淹死，然后放在火上叉烤几分钟，烤熟后人们会连同内脏把整个食米鸟囫囵吞下去（不吃头和喙也是可以的）。

菲律宾一种叫 Kakanin 的食物是将羊脂肪和羊肉之类的都切成小块后，混在一起做成的。

◎ 在冰岛，人们享受的美味佳肴有角嘴海雀和一种叫 Svið 的菜，后者是先烤焦再煮熟的羊头。

◎ 猴脑在亚洲一些地方是一道美味,这并不奇怪,不可思议的是食客们是在猴子还活着的时候,直接从猴脑里舀脑髓吃。

在某些地区,人们把骆驼奶或者马奶放在一个洗净的马胃或者兽皮袋里,挂在帐篷上。每个经过大门的人都必须摇动或者敲击这个袋子,久而久之,里面的奶慢慢发酵变成了一种低酒精度的酸乳酪饮料。每个人,即使是孩子也可以饮用这种饮料。

◎ 冰岛人在过仲冬节的时候会吃腐烂的鲨鱼肉。他们先把鲨鱼肉埋在地下6～8周,再挖出来风干约两个月后才吃。

◎ 菲律宾的百公酱是一种气味非常难闻的发酵鱼酱，它是用捣碎的小虾做成的。

在非洲南部，一种叫作Mopani的毛毛虫被做成罐头放在商店里出售。

◎ 在帕劳群岛，你可以点到连皮都没有剥掉的整只食果蝙蝠作为开胃菜或者主菜。

◎ 西班牙血肠是波多黎各的一种香肠。它是将米放在猪血里煮，然后把煮好的饭塞进猪大肠里，再加以油炸而制成的。

◎ 在厄瓜多尔，家庭烧烤野餐聚会上的食物包括烤蛇肉串和几内亚烤猪。

◎ 北非人会吃油炸白蚁。

◎ 在巴西，烤犰狳也是一种美味。

◎ 在芬兰，人们拿血来做薄烤饼。

◎ 美国俄勒冈州有一家名为"双座轩"的餐馆，每周营业5天，每天只招待两位客人，只供应一顿午餐。一般要在3个月前预订，才有可能享受到两位老板兼厨师的亲切款待，以及他们不断推出的新菜肴。

日本菜肴辛是把鱿鱼放在鱼内脏中发酵而做成的。

◎ 在中国香港，你可以像买到袋装的炸土豆片一样，买到袋装的酥炸螃蟹。

◎ 在中国广东，你可以喝到猫头鹰汤。

◎ 在韩国，你可以从街头小贩那里买到蚕蛹罐头或者袋装的蚕。吃蚕蛹的方法是把蚕蛹的尾部咬破，吸取蛹里面的汤汁。

◎ 柬埔寨的蜘蛛酒其实是米酒，蜘蛛是米酒做好了之后才放进去的。

第 三 章

关于动物的可怕事实

◎ 珍珠鱼在白天游进海参的肛门，寄居在里面，夜间又游出来。由于海参通过肛门呼吸，无法把它闭合，所以珍珠鱼在里面能够来去自如。

世界上有7万多种鼻涕虫和蜗牛。让我们祈祷它们千万不要开派对。

◎ 玻璃蛙的身体是透明的，我们直接就可以看到它体内的血管、胃和跳动的心脏。

蜘蛛在把苍蝇和虫子吃掉前，会向它们体内注入一种化学物质，这种化学物质能够使它们无法动弹，并把它们的内脏溶解掉。由于蜘蛛无法咀嚼，所以它只能吸食昆虫内脏溶解成的汁液。

◎ 蟑螂在生长过程中，在原有外壳的覆盖下，会长出一层新外壳。最终，原有外壳会脱落，由新外壳取而代之。新的外壳最初是白色的，暴露在空气中后，才慢慢硬化，变成黑色。

◎ 蝰鱼的牙齿很长，是整个头部长度的一半。由于牙齿太长，它无法闭上嘴巴，而在吞咽食物的时候，它的上下颌要张成180°。

◎ 海马的皮肤有4厘米厚，比人类的皮肤要厚3.5厘米。

蚊子一次能够吸食相当于自身体重1.5倍的血液。

鲸鱼死后腐烂的身体里寄生着一种以吃骨头为生的尸虫。由于没有消化道，这种尸虫只能努力钻到鲸鱼的残骸里以吸收骨髓中的化学物质，它们体内的微生物可以帮助它们消化这些物质。

◎ 条纹马岛猬是刺猬的一种，生活在马达加斯加岛上，它很贪吃，有时候会因为吃了太多的虫子而生病。

◎ 鲨鱼几乎什么东西都吃。人们在死亡鲨鱼的胃里曾经发现过船只和车辆的残骸，甚至还发现了一个披盔戴甲的骑士。

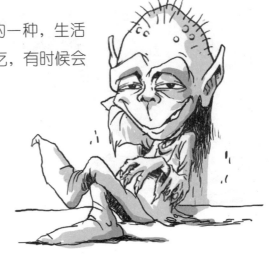

> 如果老鼠不咬东西的话，它的下排牙齿会不断生长，最终会穿过上颌，到达上腭。

◎ 鲨鱼在 1 千米开外就能嗅到血的气息。

◎ 在恐龙时代，有一种巨型蝎子体长将近 1 米，比一般的家犬还要大。

> 每一年，狗狗们在英国伦敦的公园里排出的尿液有 450 万升。

◎ 蜘蛛不饿时会把暂时吃不掉的食物包在蜘蛛网上，留待以后享用。

◎ 真涡虫的身体断成两半后，每一部分都能再生出缺少的另一半。

◎ 猫头鹰的眼珠大到无法在眼眶中转动的程度，作为一种补充功能，它们头部转动的幅度比一般的鸟儿要大得多。

在感受到蝌蚪游过引起的水体震动时，蝾螈的幼虫马上会改变形态，变成肉食性"杀手"。为了杀死并吃掉蝌蚪，它们的身体变得更长更强壮，头部也变得更宽。

肉蝇只吃死尸的腐肉和放了一段时间的陈肉。

◎ 在身边带大蒜不会像传说中的那样吓跑吸血鬼，但是可以驱除蚊子。

◎ 目前已经知道的蟑螂大约有 3500 种，除了这些蟑螂之外还有其他种类的蟑螂吗？我们现在还不得而知。

◎ 壁虎经常性地用舌头舔眼珠，使其保持清洁。

◎ 蝎子在黑暗中会呈现出绿色或粉色的荧光。

就比例而言，吸血鬼鱿鱼的眼睛是最大的。
因为虽然它的身体只有 28 厘米长，它的眼睛直径却达到了
2.5 厘米。这相当于一个普通人身上长着一双乒乓球拍那么
大的眼睛。

◎ 白蚁中的工蚁的职责是守卫蚁巢，有时候它们为了阻止敌人的进攻不惜采取自杀行为。

鸭嘴兽的颊囊里能够装下 600 条虫子。

鬃狮水母的直径大约有 2.5 米长，它的触须长达 60 米。如果不幸被它们蜇到，等待你的结局是痛苦地死去。

◎ 由于章鱼的嘴巴被触须掩盖着，所以它吃东西时，得先把嘴巴翻出来。

生活在南极附近的南部巨海燕会把油团和反刍的食物吐向它的敌人。

◎ 豹海豹有时候会攻击人类，它们的攻击方式是猛地从浮冰中跃出扑向人类的脚。

地毯毒蛇杀死的人比其他任何一种毒蛇杀死的都要多。一旦被它咬伤后，伤口会不停地流血，无法止住。

◎ 蝴蝶借助后腿品尝食物的味道。

◎ 刚出生的鼹鼠的皮肤是透明的，你可以透过它的皮肤看到它的内脏。

◎ 生活在北极圈的树蛙在深度冻结数周后，仍能存活下来。

◎ 鼻蝇蛆是一种寄生在羊、牛和马等食草动物的鼻子里的蛆。

鲨鱼没有尿道，它的尿液通过皮肤渗透到海水中。

◎ 生活在南极附近的帝企鹅能下潜到水下 265 米的深处，下潜的时间可长达 18 分钟之久。

马经常会咀嚼长在它腿上的苍蝇幼虫和苍蝇卵，而且最后会把它们吞下去，所以它们的胃里老是装满了爬动的蛆。

大毒蜥是一种生活在南美和墨西哥的蜥蜴。尽管它体长只有半米多，但咬起东西来却非常强劲有力。如果被它咬到，唯一摆脱的方法就是淹死它。

◎ 老鼠即使从五层楼上掉到地面，依然能够安然无恙。

蟑螂被冻在冰块里两天后仍然能够活下来。

◎ 老鼠拥有超级坚固的牙齿。除了一般的东西外，它们还能咬穿木头、金属和电线。

◎ 世界上仅有的身上不长虱子的几种哺乳动物是：食蚁兽、犰狳、蝙蝠、鸭嘴兽、鲸鱼和海豚。

◎ 生活在深海的吞噬鳗能够吃下体形比它还大的鱼，它具备超强的"张嘴"能力——它张大嘴巴的时候，上下颌往后弯曲形成的角度能够超过180°。

◎ 壁虎的眼睑永远都闭着，不过由于它的眼睑是透明的，所以这丝毫也不妨碍它的视力。

北美的波吕斐摩斯蛾的幼虫在生命最初的 56 天内就可以吃掉相当于它刚出生时体重 8.6 万倍的食物。这相当于人类的婴儿吃下 270 吨的食物。

> 澳大利亚的牛头犬蚁的攻击
> 方式是：用它威武有力的钳子夹住物体，反复地蜇它。用
> 这种方式，它可以在 15 分钟内蜇死一个人。

◎ 有时候，怀孕的母蝎子在生出小蝎子后，会把一些体弱的幼子吃掉。

◎ 生活在北极圈的蚊子在雪融化的时候孵化，有时候，孵化的蚊子非常之多，几乎称得上是遮天蔽日。

◎ 变色龙能够改变自己身体的颜色来隐藏自己（所谓的保护色）——但是它们有时候也会按照情绪变化来改变身体的颜色，譬如有一些变色龙在感到沮丧时会变成灰色。

> 头虱每隔 2 ～ 3 小时就会花
> 45 秒钟左右的时间吸血，但是如果它们没有在人
> 的头上，而是在梳子、毛巾或者枕头上的话，它们也可以在
> 两天内不吸一次血，仍然存活下来。

◎ 蝎子一年不吃东西也能活下来。

◎　一种黄肚皮的蟾蜍能够产生肮脏的泡沫来阻止敌人的进攻，这种泡沫闻起来像大蒜。

◎　巨蜥体长3米。它们自身并没有毒，但是由于它们齿缝间的腐肉中滋生了很多细菌，所以被它们咬上一口的动物一般都会因为血液中毒而死亡。

裸克分子鼠可能是世界上最丑的哺乳动物了。它看起来像一段起皱的香肠，腿很短，牙齿硕大且突出。它全身都没有毛，偏偏嘴巴里面有一撮。

房间里常见的青蝇和绿蝇在腐肉、动物尸体和粪便上产卵。

◎ 美国得克萨斯州的布瑞肯山洞里栖居着两千万只蝙蝠，因此山洞的地面上覆盖着厚厚的一层蝙蝠粪便。

体形较大的生物也会吃腐肉，牛是其中之一。

◎ 只有雌性蚊子会吸血，因为血液中的蛋白质是它们产卵时的必需物质。雄性蚊子则靠吸食花蜜为生。

蛆没有牙齿，但是它能够分泌出一种叫酵素的物质。酵素能够把食物溶解成液体，蛆就靠吮吸这些液体为生。

◎ 发声蟑螂通过把空气挤出体节内的小孔而发出咝咝的声音，这声音你在 3.7 米开外都能听到。

◎ 美西螈是一种在某种程度上介于蝌蚪和蜥蜴之间的体色苍白的两栖动物。在全球只有墨西哥的一个湖泊里有美西螈。

◎　幼小的科莫多巨蜥在饥饿且没有其他食物的情况下，会把自己的兄弟姐妹吃掉。

◎　章鱼失去一条触须后，能够重新长出一条。

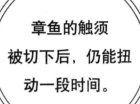

章鱼的触须被切下后，仍能扭动一段时间。

◎　魔鬼鱼的尾尖处有一个特殊的帽子，在它刺向敌人的时候，这个帽子会脱落，尾巴上的毒汁就会注入它刚刚在敌人身上刺出的伤口里。

在蝙蝠居住的山洞里，地面上成年累月积累起来的蝙蝠粪非常厚。有人专门把这些粪便收集起来当作肥料出售。

◎　指猴是马达加斯加岛上一种在夜间活动的哺乳动物，因指和趾长（中指特长）而得名。由于长相吓人，当地人认为和它接触后就会死亡，所以把绝大多数的指猴都杀死了。

◎ 蚊子在地球上已经存活了约2亿年。这段时间太漫长了,漫长到连恐龙都有可能被它们叮咬过。

南美鸬鹚用干粪便做窝。

◎ 苍蝇的翅膀每分钟拍打180次。

◎ 鱼安鱼康鱼有两个背鳍,第一背鳍向头部逐渐延伸出一个发光的气泡。在黑暗的深海里,小鱼们被这个"灯笼"所诱惑,纷纷游到宙赚鱼的嘴边,让鱼安鱼康鱼不费力气就可以饱餐一顿。

苍蝇吃东西的时候,会把先前吃到肚子里已经消化了一段时间的东西吐到它正在吃的食物上。它的呕吐物中含有的化学物质可以溶解正在吃的食物。等到食物被溶解变稀时,它才会吃进去。它就这样重复呕吐、溶解食物、吃进并消化食物、再呕吐,所以吃苍蝇沾过的东西实在是个馊主意。

◎ 鲨鱼用一个鼻子一样的器官——洛仑兹壶腹收集信号和探测生物产生的电场，从而追踪和捕食猎物。

◎ 果蝠灾害（类似蝗灾，指大批的果蝠聚在一起）能在一夜之间就毁掉一个果园。

秋家蝇靠食用牛的眼睛和鼻子分泌的黏液为生。

◎ 长颈鹿体内的血液之所以能够到达头部，是因为它的动脉血管里有特殊的瓣膜。如果没有这些瓣膜，长颈鹿将需要一个和自己身体一样大的心脏，才能把血液输送到头部。

亚洲山蛭会从树上跳到人身上，吸走大量的血液使人死亡。

◎ 蟑螂能够经受住120倍的地心引力，而一个宇航员最多也只能经受住12倍的地心引力。

◎ 啤酒能够吸引鼻涕虫，有些园丁就利用这一点给它们设陷阱，他们把几碗啤酒放在花园中，诱使鼻涕虫爬进去。鼻涕虫喝得酩酊大醉，全淹死在酒里面。

歌利亚食鸟蜘蛛能够长到西餐用的大盘那么大，它能够杀死体形较小的鸟类。

◎ 一只 32 千克重的章鱼能够钻过网球那么大的洞。

◎ 变色龙的舌尖上有突起的腺体，分泌的黏液有助于它捕捉昆虫。

◎ 澳大利亚水域里的一种蓝环章鱼喷出的毒素能够使人瘫痪甚至死亡。

在食物不多的情况下，蟑螂会自相残杀，它们会撕开对方的肚子，扯出里面的内脏。最终的胜利者将把对方当成食物吃掉。

◎ 有一些蟾蜍可以吞下一整只老鼠。

◎　一只头虱在短短 30 天的存活期内可以产卵 200 ～ 300 颗，它的卵只需要 5 ～ 10 天就可以孵化，孵化出来后马上就吸人的血。

◎　在 1 亿多年以前，鳄鱼的体形有现在的两倍大，它们的身体有 12 米长，甚至能够吃掉恐龙。

幼小的蟑螂靠吃母亲的粪便以获得一种细菌，这种细菌能够帮助它们消化植物和蔬菜。

◎　壁虎和蜈蚣都吃蟑螂。

◎　生活在澳大利亚沿海的箱水母的毒性是致命的，它的体形有篮球那么大，触须有 4.5 米长。它的触须碰到猎物的时候，尖端的小刺马上刺入猎物的身体，往猎物体内注射毒液。

一只成年的巨蟒可以吞下一整头猪。

◎ 蜥蜴失去尾巴后，能重新长出一条新的。

◎ 一片本书大小的热带雨林的土地能够孵化出约1万个蚊子的卵。

兔子吃进的青草还没有完全消化就被拉出来了。拉出来的粪便像一个个小球，软软的、黏糊糊的。兔子把这些小球再吃进去，继续未完成的消化过程。

◎ 鳄鱼把它们的孩子装在嘴巴里随身携带。

◎ 树蛙能够把自己褐色的眼睛变成其他颜色，以便和它们藏身的树林保持一样的颜色。

在要吃的食物比较多的时候，毒蛇鱼会把体内的器官往尾巴处挪，好给将要吃进来的食物腾出更多的空间。

食物表面有浅色的斑点说明苍蝇已经在上面呕吐且吃过这些食物；食物表面深色的斑点则是苍蝇的粪便。

◎ 大象每天拉出的粪便有 23 千克重。

◎ 吸血蝙蝠每天吸的血是它体重的 0.5 倍。

◎ 猫尿在黑暗中会发光。如果你想验证此点，那可得把猫尿放在非常黑暗的环境里才行。

蟑螂在头被切掉后仍能存活一周。

◎ 大齿猛蚁是地球上攻击速度最快的动物。它能在 0.13 毫秒内合嘴咬中猎物，比人类眨眼速度快 2300 倍。

◎ 当一条太平洋长尾鳕被渔民拉出海面时，压力的变化会导致它体内的空气迅速膨胀，空气迅速膨胀后会使它的胃从嘴里喷射出来。

◎ 电鳗一次能够放出 500 伏的电，这足以使它的猎物乖乖就范。

◎ 美国纽约的狗狗们一年可以拉出 1.8 万吨的粪便。因此，纽约市规定它们的主人必须跟在后面清理它们的粪便。

◎ 如果让水蛭尽情吸血，它要吸到身体胀成平常的 10 倍大，才会无法继续吸血。吸足了血之后，它会自动从动物身上脱落。

> 加拉帕哥斯群岛上的吸血雀在其他鸟身上啄洞，靠吸它们的血为生。

> 水蛭并非只在人的皮肤上吸血。如果喝了一杯含有水蛭的水，它就会吸附在人的嘴巴或者喉咙处吸血。还有一种情况是当人在河里的时候，水蛭会通过肛门一直爬到内脏，在那里吸血。

◎ 印度一种大鳄鱼有 100 个牙齿。

> 土豆甲虫的幼虫把自己埋在自己拉出的有毒粪便中，以免被鸟吃掉。

◎　土耳其秃鹫把粪便排在自己的腿上，使它们保持凉快。

◎　变色龙舌头的长度是它身体长度的两倍，为了将舌头放进嘴里，变色龙必须把它卷起来。

◎　一只幼小的知更鸟一天吃的虫子加起来有4米长。

雌性的黑寡妇蜘蛛在交配后会把雄性蜘蛛吃掉，有时一只雌性黑寡妇一天要吃25只和它交配的雄性蜘蛛。

世界上最小的鹿是生活在东南亚的鼷鹿，它身高仅有20厘米左右，体重约2.7千克。是鹿科动物中最小的一种。

翻车鱼一次产卵能多达3亿个，每个卵的直径仅为1.27毫米。

◎ 很多水蛭在吸血的同时都会分泌镇痛剂，所以除非亲眼所见，否则你不会注意到它们在吸你的血。

章鱼在极度压抑的情况下会把自己吃掉。

◎ 裸克分子鼠女王是群体中唯一繁殖后代的雌性（类似蜂群中的蜂后），它的尿液中散发出的一种特殊化学物质使得其他雌性裸克分子鼠无法怀孕。

体虱喜欢生活在肮脏的环境中，它们基本都寄生在人的肚子和肛门处。从前的人身上之所以常常有体虱，是因为他们不怎么洗澡。另外，不得不生活在肮脏环境中的士兵身上也经常长体虱。

◎ 一只雌性德国蟑螂一年内可以繁殖 50 万个后代。

◎ 鳄鱼无法撕裂和咀嚼食物，因此，它们通常都是咬住猎物，拖至水底淹死，然后不停地旋转猎物，直到从猎物身上拽下一大块肉为止。

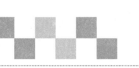

◎ 有一些种类的雄性敛鲸鱼比雌性要小很多，它们寄生在雌性身上。一段时间后，雄性鱼安鱼康鱼会结合到雌性鱼安鱼康鱼的身上，两者的身体系统合为一体。雄性鱼安鱼康鱼从雌性鱼安鱼康鱼的血液中吸收营养，它的唯一作用是给雌性鱼安鱼康鱼的鱼卵受精。

◎ 秃鹫以腐尸为食。有时候它们忘情地享受美食，饱餐一顿后却因为吃得过多，身体太重而无法飞翔。在这种情况下，它们会吐掉一些食物来减轻身体的重量。

吸血蝙蝠在吸血的过程中不停地小便，这可以减轻它们的体重，使得它们不会因为吸血过多造成身体过重而无法飞翔。所以，它们比秃鹫要聪明。

◎ 仅仅一个垃圾箱里的虫卵一周内就能孵化出3万只苍蝇。

黏鳗和盲鳗都以吃海底已死或将死的鱼为生。它们从鱼嘴或者鱼眼眶钻入鱼体内，从里面开始吃，最后吃得只剩下一副鱼骨架。

◎ 一只蝙蝠一个晚上就可以吃掉3000～7000只蚊子。500只蝙蝠组成的战斗群可以在一小时内吃掉25万只昆虫。

◎ 你可能会被鳄鱼咬到，不过鳄鱼中的一种——短吻鳄，其实并不喜欢人肉的味道。

蝎子在吸取猎物体内的汁液前，会先使之瘫痪。它的猎物并未死去，只是无法动弹。

雌性螳螂在交配过程中就开始吃雄性螳螂：尽管雄性螳螂会继续努力地交配，最后还是逃脱不了被雌螳螂整个吃掉的命运。

◎ 当找到一个死掉的小动物时，埋葬甲虫会把它推到合适的位置，用它身上的一些皮毛在附近做一个小窝，然后在窝里产卵。这样，一旦埋葬甲虫的卵孵化成幼虫，它们就有了现成的食物——那个小动物的尸体。

成年鸟会把为孩子准备的食物吃进肚子，然后飞回鸟窝，把食物吐到小鸟嘴里。

曾经有一只鸡，在它的主人——一位法国农民砍掉它的头之后，仍然活了 10 天之久。那个农民用一个滴管直接把食物送到它的喉咙里面。

◎ 吸血蝙蝠并不"吸"血——它们在其他动物身上咬出一个伤口，然后舔这个伤口流出来的血。它们的睡沫中含有一种抗凝血剂，可以使伤口处的血液持续不断地流出而不会凝固。

◎ 长颈鹿的舌头能够舔到它的耳朵内部。

法老蚁喜欢生活在医院里，在那里，它可以大吃特吃自己喜欢吃的东西：包括病人的伤口、沾血的绷带和用于注射的药水。

◎ 蜣螂靠吃动物的粪便为生。5000 只蜣螂在两小时内只能吃掉约 0.5 千克的粪便。

◎ 一只母苍蝇在一生中可以孵出 1000 个后代。

◎ 七鳃鳗没有颌部，它有一张活塞状的嘴，里面长着上下两排牙齿。它用嘴吸附在其他鱼体上，用牙齿锉破鱼体，吸食其血和肉，最终将之杀死。

黑水虻喜欢把卵产在人类的粪便上，它们的幼虫经常出现在卫生间里，因为幼虫能够从下水管道里爬上来。

◎ 头虱的嘴可以刺破人的皮肤，吸食人的血液，它分泌的唾液含有一种阻止血液凝固的化学物质。

蟑螂的繁殖速度非常快，如果两只蟑螂在一年内生下的后代全部存活，它们的数量将达到1000万之巨。

即使是自己身上被其他动物撕下来的肉，鲨鱼也照吃不误。

一些幼小的澳大利亚蜘蛛会咬下它们母亲的四肢，作为几周之内的食物。

◎　蝎子能够经受住极端的温度，甚至核辐射，即使接受的核辐射量是人体承受量的 200 倍，它依然能够存活下来。另外，即使被冻在冰块里 3 周，它也依旧能够安然无恙。

◎　有一些水蛭一次吸的血可以养活它们 9 个月。

骚扰血蝇会攻击公牛——有时候多达 1 万只的骚扰血蝇落在公牛背上，吸它的血，一直到它死亡为止。

◎　有时数量达 8000 万之多的蝗虫或者蟋蟀会聚到一起，它们每天都要吃掉和自己体重相当的植物。

在加拿大和美国发现的日本金龟子能够咬穿人的耳膜。

◎ 在非洲喀麦隆南部以及赤道几内亚北部的原始森林里生活着一种巨蛙，成年的雄蛙体重大约3千克，如果把它弯曲的腿拉开来，身长足有1米多。这种巨蛙的弹跳能力特别好，有的能跳5米高。

◎ 发声蟑螂把自己的卵用一种泡沫状的物质包裹起来，待其硬化后将其吞进肚子里，直到两星期后虫卵孵化出来。

如果一只吸血蝙蝠生了重病无法飞行，另外一只吸血蝙蝠会飞离巢穴，整夜地吸食血液，然后飞回来把血吐给生病的吸血蝙蝠喝。这样的话，生病的那只蝙蝠一顿也不会饿着。

◎ 摇蚊蝇是所有昆虫中生命力最强的，它的幼虫可以在102℃～234℃的高温下生活。

◎ 水母身体含水量达98%，它进食、消化、排泄都必须在水中才能完成。

屠夫鸟（即伯劳鸟）将老鼠、小鸟以及蜥蜴等猎物挂在尖尖的树枝上，然后再把它们吃掉。

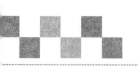

◎　南美洲蔗蟾蜍的眼睛后面有一个特殊的腺体，能够分泌出毒液。它们甚至能够将毒液射到30厘米的距离以阻止天敌的进攻。

◎　蟑螂有一层油腻的表皮。

水母是低等的生物，只有一个简单的体腔，也只有一个开口，既是取食的门户，又是排泄食物残渣的出口。

如果你被海鳗咬到，摆脱它的唯一方法是杀死它。然后切掉它的头，击碎它的颚部。因为只要它还活着，它就不会松口。

◎　超过3000种的蚊子分布在地球各个角落，包括最冷的北极和南极。

◎　对于土豚和食蚁兽来说，没有比用它们长而黏的舌头来吃蚂蚁和白蚁更享受的事情了。

> 行军蚁行动时都是成群结队，它们横扫一切，把碰上的任何动物都吃得只剩下骨头，它们甚至能够吃掉无法行动的鳄鱼或者狮子。行军蚁杀死动物的方式是在它们身上咬上数千个伤口，使其流血而死。

◎ 苍蝇的脚上有1500根味觉茸毛，只要它们一站在什／厶东西上面，就马上可以品尝出它的味道。

◎ 因纽特人在夏天不得不把自己身上所有裸露的皮肤都用厚厚的泥包裹起来，以防止凶猛的叮咬苍蝇。

◎ 海星能够把自己的胃部通过口腔移到外面。

> 即使你把正在吸血的水蛭砍成两半，它仍然会继续吸血，吸进去的血从断开部分喷射出来。

目前已经发现了 3 亿年以前蟑螂的化石。这意味着它们比恐龙早出现了大约 1 亿年！

◎　跳蚤最高能够跳到自身体长 220 倍的高度。即如果跳蚤同一个成年人一样高的话，它可以跳到离地面大约 400 米的高空。

◎　犰狳的睡液特别多，它甚至有一个专门的液囊用于存储睡液。

◎　在澳大利亚和新几内亚有一种长相奇怪的青蛙，它的体色能够从绿色变到米色。它们通常生活在信箱和厕所蓄水设备里。

最大的水母是分布在大西洋西北部海域的北极大水母。1870 年，一只北极大水母被冲进美国马萨诸塞海湾，它的伞状体直径为 2.28 米，触手长达 36.5 米。

◎ 有一些水蛭只吸尸体残留的血。

◎ 海龟在吃葡萄牙僧帽水母（水母的毒素对它不起作用）的时候，产生的一种气味会引来鲨鱼——所以水母最终还是成功地替自己报了仇。

> 眼蚋喜欢叮人眼睛和鼻子湿润的地方，它们把卵产在腐烂的菜叶或者动物的粪便上。在美国炎热的夏夜里，尽管不受欢迎，它们却非常常见。

> 全球的白蚁每年释放出的气体在 2000 万吨到 8000 万吨之间。占世界甲烷排放总量的 1/5。

◎ 跳蚤的幼虫吃自己父母或者兄弟姐妹的粪便。

◎ 纪录中啮齿类动物最大的年龄为 27 岁零 3 个月，那是一只 1965 年 1 月 12 日死于美国华盛顿特区的苏门答腊有冠豪猪。

非洲的有爪蟾蜍一次产卵 1 万个，但是大部分的卵都是畸形的。在这些畸形的卵孵化出来后，它们的父母会把它们吃掉。

◎ 南美洲的角蜥蜴在受到攻击时，眼部能够向对方喷射血液。它在鼻窦处给血液加压，直到血液爆发，喷向进攻者。

黏鳗和盲鳗体表的毛孔会分泌黏液。它们受到惊吓时，会释放出大量的黏液，使周围的海水变得黏稠到其他鱼类无法在里面游动的程度。但是如果释放出的黏液过多，它们自己也有可能会窒息而死。

◎ 章鱼有时候会从水母那里夺来触须，作为自己的武器。

◎ 南美北部的水老鼠，经喂养可达 110 多公斤。

大螳螂体长有 12 厘米。它们的捕食方式是：用自己身上的利刺把小蜥蜴和小鸟刺穿，将它们杀死。极度饥饿的螳螂甚至连自己的幼虫都吃。

◎ 居住在美国西南部和墨西哥西北的岩石蜥蜴，当危险来临时，可以缩小自己的巨型身体，然后挤进狭长的岩石缝中，与石头浑然一体。

负鼠在感受到威胁时会装死。它直直地躺着，舌头露在外面，把粪便拉在身上，并分泌出一种闻起来像腐肉的绿色黏液。

◎ 跳蚤能够一刻不停地跳 3 万次。

当一大群的蚊子幼虫同时孵化出来时，它们会一起攻击不幸路过的动物。如果蚊子的数量足够多，而攻击的对象又足够小时，它们能够吸干猎物的血，使其死亡。

苏里南蟾蜍繁殖方式别具一格：雌蟾蜍的背部先是出现一些突起，随后全身皮肤肿胀，并出现许多凹坑，使整个背部呈现蜂窝状，每个"蜂窝"储藏着一粒卵，这些卵将在雌蟾蜍后背的皮肤下孵化成蝌蚪。

◎ 针鼹是一种哺乳动物，它产卵后，把卵放在腹部的育儿袋里孵化。育儿袋在雌针鼹产卵之前长出来，在小针鼹离开育儿袋之后，又会消失。

◎ 变色龙的两只眼睛能够互不相干地转动，所以它们可以在同一时间看着两个方向。

◎ 深海的鱼安鱼康鱼可以使自己的胃膨胀，这使得它能够吞食比自身还要大的猎物。

有一些种类的马蝇把卵产在其他吸血昆虫，譬如跳蚤和扁虱的腹部。依靠宿主的营养，马蝇的虫卵孵化出来，并在宿主吸食其他动物的血液时，钻到那个动物的皮肤里。

◎ 三趾树懒移动非常缓慢，以至于藻类都可以在其身上生长。

◎ 学名为 Dak0saurus 的巨型鳄鱼是新近发现的一种深海怪兽,它身长4米,有肉食性恐龙的巨大头颅、鱼一样的鳍和尾巴。不过,它在1.35亿年以前就灭亡了。

虎鲨的胎儿在子宫里就互相厮杀,最强的那个杀死并吃掉其他虎鲨胎儿,所以最后只有一只虎鲨生出来。

如果一只梭鱼生病了,它会吃一些能让自己身上的肉带毒的东西。这样,在它死之后,无论什么动物吃了它都会中毒。

第 四 章
关于历史的可怕事实

◎ 在17世纪晚期的法国，能够在国王路易十六上厕所的时候与他说话被认为是极大的荣誉。

北欧海盗用黄油来梳理和装饰自己的头发。

◎ 在英国的盎格鲁－撒克逊时代，牧人们在圣诞节会得到12天的牛粪作为肥料。

◎ 利用生物武器进行的战争早在公元前600年，梭伦围攻雅典城市奇拉的时候就出现了。他把藜芦根放到奇拉城的水源中，趁雅典人由于喝了水而腹泻的时候，攻陷了这座城市。

有1500多人被控在第二次世界大战中持续了900天的彼得格勒保卫战期间犯有吃人的罪行。

◎ 在 8000～9000 年之前的巴勒斯坦，人们把过世亲属的尸体（除了头部之外）埋在房子底下，并把头部的肉和脑髓除去，将剩下的头骨做成石膏模型，加以装饰后保存起来。

古希腊人玩的一种叫"指关节骨"的游戏用的是真实的骨头，都是从猪、山羊和羚羊等偶蹄动物的指关节上取下来的。

古希腊人举行婚礼时，新娘通常要向爱神献上自己的几绺头发和腰带，或者其中之一，头发象征着自己如花的年龄已经逝去，而腰带则象征着自己将变成女人。

◎ 在有些情况下，罗马的奴隶不得不在竞技场搏斗至死。为了确认他们不是在装死，验尸人用烧得通红的拨火棍刺他们的身体，或者用大铁锤敲碎他们的脑袋。

因纽特人曾经用海豹或者海象的气管和消化道做裤子，一个气管或者消化道可以做成一个裤腿。

◎ 底比斯国王米斯拉戴特（公元前 132～公元前 63 年）定期服用小剂量的毒药来增强自身对毒药的抵抗力，以防止有人下毒害他。结果在他后来想自杀的时候，他所服下的毒药都没法将他致死。

◎ 在大瘟疫期间，假发制造商几乎没有生意可做，因为人们认为瘟疫可能通过这些以人的头发为原料制作而成的假发传播。许多二手的假发经常生有跳蚤证明了这种看法可能是对的。

公元前 600 年的希腊城邦斯巴达曾经有一条法律规定：出生时不健全的婴儿——残疾的或者畸形的——应该马上被处死。

◎ 在集市或者市场上受雇于吃蟾蜍的人吞下一只含有致命毒素的蟾蜍，然后服下雇主给他的解药。如果他们服下解药后安然无恙，人们就会相信这种解毒药的药效而买下它。而事实上，他们可能真的把蟾蜍吞下去，也可能没有吞下去……

维多利亚时代的烟囱清扫童工有时候不得不爬过直径仅有 18 厘米宽的烟囱。如果他们爬得不够快，他们的光脚就会被稻草燃烧产生的烟气烫到。

◎ 直到 19 世纪 40 年代，鞭答在英国仍然是一项法律认可的惩罚。它的行刑过程是用一束树枝来鞭打罪犯的光屁股。

◎ 古埃及的妇女会在头顶放一块圆锥形的油脂。在白天的烈日下，油脂融化并沿着头发滴下，使她们的头发散发出油光，从而看起来更加漂亮。

◎ 在 20 世纪 90 年代，欧洲那些追求时尚的妇女为了让自己看起来更苗条，拼命地把束胸带缚紧，有时甚至把肋骨都弄断了。

在 19 世纪，英国约克郡的一名校长屠杀了他的学生，将他们的尸体藏在橱柜里。

◎ 在 1665 ～ 1666 年英国的大瘟疫期间，伊顿公学惩罚犯错男生的方式是不准他们抽烟，因为在当时人们认为抽烟能够预防瘟疫。

在 1856 年，美国通过了这样一项法律：美国公民可以将世界上任何一个无人居住的地方占为己有，只要这块地上有大量的鸟粪。

◎ 在 1553 ～ 1558 年期间统治英国的女王玛丽·斯图亚特，把 274 人烧死在火刑柱上，仅仅因为他们是新教教徒。

◎ 以前，许多国家都在罪犯身上做记号，或者在罪犯的身上刺上花纹，或者用烧红的烙铁在罪犯身上烙上图案、文字。这样人们一看到这些东西就知道他们曾经犯过什么罪了。

教皇克莱门特七世在 1534 年试着吃了致命的伞菌，结果毒发身亡。

◎ 秘鲁、智利和玻利维亚人几百年来一直在收集并出售海鸟粪，因为海鸟粪可以作为植物的肥料。

在中世纪，围攻一座城堡或城市的通常做法是，把动物和人的尸体，甚至敌人的脑袋用弹射器发射到里面去。

◎ 希腊皇帝德拉古死的比较冤，他是在他的崇拜者向他扔过来的一大堆帽子和风衣中窒息而死的。

◎ 制作一个埃及木乃伊需要两个多月的时间。尸体的内脏、脑髓等东西首先必须清除干净，然后再将尸体用盐包着放两个月，因为盐能吸收尸体中的水分，让它变得干燥。尸体干化后，还需要往上面抹上树脂，覆上沙子和锯屑。最后一个步骤才是用绷带把尸体包起来。

如果别人给他讲的笑话是他以前听过的，蒙古首领帖木儿（1336～1405 年）就会杀死那个讲笑话的人。

◎ 在公元前 2350 年，美索不达米亚的国王乌鲁卡基那下令：小偷必须被石块砸死，而且砸他们的石块上面应该刻着他们的罪名。

被判互相之间搏斗至死或者和野兽搏斗的罗马囚犯有时候会在战斗开始前就自杀。其中有一个囚犯用木钉刺穿了自己的喉咙，这木钉原来是用于固定人们清洗厕所时用的海绵的。

任何背叛了美索不达米亚国王亚述纳齐尔帕的人，受到的惩罚是被活活剥皮或者活埋。我们之所以知道这一点，是因为这位国王把背叛者砌在了柱子里面，并在柱子上刻上他们的罪名。

◎　在古罗马，维斯塔处女指的是在维斯塔神庙照料圣火的少女，没有任何人可以触摸她们。如果她们犯了罪，对她们的惩罚是活埋，因为这是人们无须触碰到她们即可执行的刑罚。

古罗马人把罪犯交给野兽撕咬，而公众在一旁观看。野兽通常是狗或者狮子，有时候也会用一些外国的动物。

◎　盎格鲁－撒克逊时代的农民穿的衣服有些是用干的大荨麻做的。

◎ 查理二世在 1649 ~ 1685 年期间统治着英格兰，在其统治期间，为了刺激羊毛业的发展，他规定英格兰的死者用的裹尸布必须是羊毛做的。

古埃及人认为圣甲虫具有神性，而实际上，圣甲虫喜欢在粪球中打滚，并在里面产卵。

◎ 在盎格鲁-撒克逊时代，人们会把在饥荒中死掉的邻居吃掉。

◎ 罗马国王塔尔昆把任何试图自杀的人，即使是已经自杀身亡的人，都钉在十字架上。这是为了让其他人知道，如果他们自杀的话，他们的尸体将会得到什么样的下场。

◎ 在 1740 年，一头牛被判会使用巫术，最后被绞死了。

中世纪一种审判某人是否有罪的方法是：让嫌疑犯把手伸入一锅热水中拿出其中的石头，或者让他握一会儿红热的铁块。然后人们把他受伤的手用绷带包起来，3 天后解开观察。如果手痊愈了，则说明嫌疑犯无罪，反之则证明他有罪。

◎ 在公元前 167 年，一个罗马将军下令用大象把一群逃兵践踏至死。

◎ 蒙古统治者成吉思汗规定：对在鄂嫩河里面小便的人，必须把他们处以死刑，因为这种行为亵渎了神灵。

西班牙设立宗教裁判所的目的是为了查出那些反对教堂或者有悖于基督教教义的人。他们经常审问并折磨嫌疑犯，直到他们招供。而对于年龄处于 10 岁以下的孩童，他们则省略了审问的程序，直接用刑。

◎ 霍普肖·纳尔逊爵士（1758 ~ 1805）是英国帆船时代最著名的海军将领。他死后被葬于自己的船舱里，他的棺材是用敌方法国舰船的桅杆做成的。

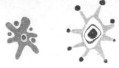 

◎ 1508～1547 年，英国国王亨利八世统治着英国，他惩罚投毒者的方式是将其活活煮死。

以前，制作小提琴的琴弦要用到长达 30 米的完好无损的羊肠。人们把羊肠外面的血肉和脂肪全部刮去，挤出里面未消化的青草，然后小心地把它清洗干净。羊肠较宽的一端被做成香肠的外皮，剩下的部分则做成琴弦。

◎ 蜂猴是一种长得像猴子，但是没有尾巴的夜间活动动物。在过去，印度人认为它的眼睛可以做成春药。

◎ 古埃及一种治疗烧伤的方法是把青蛙放在山羊粪便中加热，然后将其敷在伤口上。

1618 年 10 月 29 日，沃尔特·雷利爵士因被控背叛詹姆斯一世国王在伦敦被处决。他的妻子将他的头做了防腐处理后，随身携带了 29 年，直到去世。

◎ 公元前 260 年，罗马皇帝瓦莱里安被攻进罗马城的蛮族西哥特人俘虏，他们将他活活地剥皮，并把人皮作为战利品展览。

◎ 古希腊人像吹气球一样把猪的膀胱吹起来，然后当球玩。

◎ 盎格鲁－撒克逊时代有一种治疗秃头的方子是，把蜜蜂烧成灰后抹在头顶上。

在第一次世界大战中，长期待在战壕中的士兵经常会得战壕足病（他们的脚由于在寒冷潮湿的战壕中待的时间过长而烂掉），因此有些士兵不得不接受截肢手术。

◎ 中世纪的法国有一种酷刑是这样的：把坐在地上的罪犯绑在木桩上，并将他的脚踝固定，往他的光脚上倒盐水，然后让一只山羊把盐水舔干，这样的话他的脚会奇痒无比。

匈牙利的伊丽莎白·巴托利伯爵夫人在16世纪杀害了600多个少女，目的是喝她们的血以及用她们的血洗澡。

◎ 在埃及法老死后，人们会把他们的仆人杀死和法老埋在一起，或者把他们活活关在金字塔里陪葬。

1822年，诗人雪莱在意大利的海岸边淹死，他的遗体有一半被鱼吃掉了。他的朋友把剩下的遗体洗净，并在沙滩上火化。其中一个朋友将他的心脏割下来，送给雪莱的妻子。后者终身保存着这颗心脏。

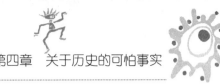

1241 年起，悬吊、开膛破肚和大
卸四块成为英国对罪大恶极的罪犯施行的刑罚。
这个刑罚的具体过程是：先把罪犯吊起来，在他快要被吊得
窒息时，把他放下来，将其开膛破肚，取出内脏，并把内脏
在罪犯面前炒熟，最后才把罪犯剁成 4 块。直到 18 世
纪中期，这个刑罚才改成在开膛破肚和切
成 4 块之前先把罪犯杀死。

◎　直到 1920 年，意大利西西里的
修道士还把死者的尸体做成木乃伊。
在那里的地下墓穴里至今仍能看到
6000 多具或立或躺的木乃伊。

◎　盎格鲁－撒克逊时代有
一种治疗疯癫的方法是，拿海豚
皮做的鞭子鞭打患者。

◎　古希腊人有时候会把
木乃伊带到宴会上，以提醒用
餐者终有一日他们也会死去。

◎ 早期的美洲殖民者用在尿液里浸过之后的抹布擦窗户。

◎ 在中世纪，屠夫经常在自己的店铺里宰杀牲畜，然后把牲畜的内脏直接扔到街上。

直到 20 世纪中期，日本和越南追求时尚的妇女还把染黑自己的牙齿视为时髦的表现。

◎ 犯了谋杀亲人罪的罗马人会被装进一个有活狗、公鸡、蛇和猴子的袋子里，然后被人们扔到河里。

过去人们把羊毛放在大盆里，里面还装有放了两个星期的牲畜的尿水和碾碎的黏土。然后漂洗工在上面不断踩踏，使羊毛变软。

◎ 1991 年，在阿尔卑斯山发现的一具尸体最初被误认为是一个死亡的登山者。后来调查人员发现他其实死于 5300 年前，冰天雪地造就了这个大自然的木乃伊——奥茨。

1609 年，在北美詹姆斯敦发生饥荒和干旱期间，一个殖民者由于吃了自己过世的妻子而被处以死刑。

◎ 和发现木乃伊奥茨有关的许多人都死掉了，因此很多人相信这具木乃伊受过诅咒。

◎ 在古埃及，如果某人感到身体略有不适，为了感觉好受一些，他可能会去吃捣碎的老鼠和粪便的混合物。

◎ 猎人们通过分析所追寻猎物的粪便来得到关于猎物的性别、大小和种类的信息。中世纪，猎人们在打猎时通常随身携带着动物的粪便。

法国女演员莎拉·伯恩哈特在旅行时总是随身携带一口棺材。她躺在棺材里背台词，甚至在里面和她的情人过夜。

◎ 在过去，水手经常在嘴里装一颗金牙，以备万一客死他乡时，这颗金牙可以拔出来作为葬礼的费用。

在 18 世纪，人们戴的很大的假发是用人的头发混着马的毛发或者其他的纤维制品制作而成的。人们往往把假发挂在某个地方长达数月，几乎从不清理，当要用的时候，才用棍子不断敲打假发，把藏在里面的寄生虫敲打出来。

◎ 一个埃及的木乃伊外面裹着20多层绷带，每层绷带之间都用树胶粘着，甚至每个手指和脚趾也都分别用绷带包着。一个皇室成员的木乃伊需要15天的时间才能包好。

在18世纪的欧洲，妇女们请人在自己的牙龈上打孔，再在孔里装上小钩子，以固定假牙。

◎ 过去南美的印加人把他们的国王制成木乃伊，然后将他们安放在王座上。

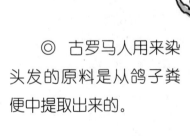

◎ 古罗马人用来染头发的原料是从鸽子粪便中提取出来的。

◎ 埃及国王佩比二世命令裸体的奴隶在身上涂满蜂蜜后围着他站成一圈，这样那些叮咬人的昆虫就会被这些奴隶吸引过去，而不会叮咬他了。

> 蒙古统治者帖木儿玩的马球是用在战斗中杀死的敌人的头骨做的。

◎ 跳蚤马戏团在19世纪非常流行。当时的人们把戏服粘在跳蚤身上，再把跳蚤粘在线丝上或者互相粘在一起，它们能表演出许多令人惊异的技艺，例如拉车、舞蹈等。

◎ 俄国沙皇"恐怖的伊凡"把为他设计瓦西里升天大教堂的两个建筑师的眼睛弄瞎了，目的是让他们再也无法设计出更加美丽的建筑。

> 俄国沙皇彼得大帝将他妻子的情人斩首之后，命令他的妻子把情人的脑袋装在一个酒精罐里放在床边，以时刻提醒她犯下的罪过。

◎ 在 16 世纪的中国，一种常用的自杀方法是吞下一斤重的食盐。

◎ "Thug" 这个词来源于 "Thuggees"，后者指的是印度古时的邪教徒，有时也被称为世界上第一个黑手党组织。他们蒙骗并杀死受害者，作为献给他们的破坏女神卡莉的人祭。

罗马尼亚国王弗拉德·德古拉在 1456～1476 年间，对 2 万多名犯人施以刺刑，即把犯人毫不留情地钉死在削尖的木桩上，他因此而获得了一个 "刺穿者" 的绰号。

在 17 世纪及稍后的一段时间里，在欧洲，人们把埃及木乃伊碾碎了做成药物。

◎ 在中世纪，人们用木灰和尿水来制作洗衣粉。

◎ 在18世纪，欧洲的时髦妇女通常会把自己真正的眉毛刮掉，再在上面粘上用老鼠毛做的假眉毛。

波希米亚的一位将军非常忠于自己的祖国，在临终前他要求在他死后，把他的皮剥下来做成战鼓。大约200年后，在1618年，三十年战争开始的时候，这面战鼓终于派上了用场。

◎ 英国国王詹姆斯一世的舌头对他的嘴巴来说，明显是过大了。所以 他一直不停地流口水，吃东西的样子也比较吓人。

◎ 英国国王查理一世被判斩首。被斩首后，人们把他的头颅和身体重新缝到一起，好使得他的家人可以跟他的遗体告别。他的医生从他脖子那里偷了一根骨头，保存在一个盐瓶里。

◎ 在过去，伦敦被判处死刑的囚犯在行刑前的那个星期天必须到教堂去。在那里，他们坐在棺材旁边，听神父训导他们是如何罪孽深重。

1981 年发生在巴西的一次船只失事事件中，掉入水中的 300 个人活活地被水虎鱼吃掉了。

◎ 闹饥荒的时候，石器时代的人们在把狗吃掉之前，会先把年老的妇女吃掉，因为他们认为她们的用处比狗还小。

◎ 刺杀肯尼迪的凶手，李·哈维·奥斯瓦尔德尸体上的标签在一次拍卖会的成交价格为 3600 英镑。

蒙默思公爵詹姆斯于 1685 年被斩首后，人们才发现他居然连一张正式的肖像画都没有。于是又把他的头重新缝回到身体上，并摆好姿势，让画家给他画了一张肖像画。

◎ 15世纪的德国国王瓦茨拉夫在吃了一顿极其难吃的饭后大发雷霆，盛怒之下把他的厨师活活烤死了。

◎ 安提俄克的圣徒伊格内修斯向上帝祈祷，希望自己能被野兽吃掉。公元前110年，在罗马皇帝图拉真宣判他被狮子吃掉时，他双膝跪地，向皇帝致谢。

公元896年，教皇福摩瑟斯已开始腐烂的尸体被人们从棺材里抬出来，穿上教皇的衣服接受审判。被判有罪后，人们切掉了他用于祝福的手指，然后把尸体扔到河里。

◎ 英国哲学家杰里米·边沁的遗体被保存在一个敞开的木箱里，至今仍陈列在伦敦大学学院里。许多年来，每逢重大的典礼和会议，人们都会把"边沁"请出来参加。

◎ 苏格兰的风笛最初是用整张羊皮或者整个羊胃做的。

俄国沙皇彼得大帝

有一个收集畸形人体和动物尸体标本的博物馆，里面藏有诸如两个头的婴儿、五只脚的羊之类的东西。博物馆由一名畸形的侏儒照看，他非常清楚，在自己死后，也将成为博物馆的一件藏品。

◎ 罗马奴隶的首领斯巴达克斯把背叛他的 300 名随从钉在了十字架上，目的是让其他人知道当逃兵的下场。

◎ 在法国大革命后的恐怖统治期间，1.7 万人死在了断头台上。

文艺复兴时期的婚浴是持续数天的婚礼的一部分，常被安排在婚礼仪式之后作为婚宴的压轴戏，由宾客和乐师簇拥着新人去浴室洗澡。

◎ 在古埃及，一个抓跳蚤的人会在自己身上涂上牛奶，然后站在生有跳蚤的房间内，一直站到房间里所有的跳蚤都跳到他身上，才带着这些跳蚤离开。

◎ 在过去，英国的制帽匠往稻草上吐唾沫使它变软之后，再把稻草编到草帽中。

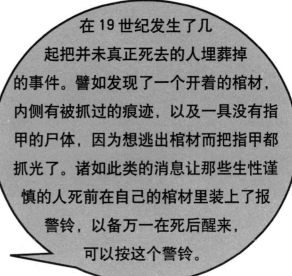

在19世纪发生了几起把并未真正死去的人埋葬掉的事件。譬如发现了一个开着的棺材，内侧有被抓过的痕迹，以及一具没有指甲的尸体，因为想逃出棺材而把指甲都抓光了。诸如此类的消息让那些生性谨慎的人死前在自己的棺材里装上了报警铃，以备万一在死后醒来，可以按这个警铃。

◎ 1692年，在美国马萨诸塞州塞伦的一次巫术审判会上，25个人仅仅因为一群歇斯底里的女孩的一些站不住脚的证据而被判死刑。

◎ 泰坦尼克号于 1912 年沉没在大海中，导致 1500 人死亡。据说当时船上载着被诅咒过的埃及公主的木乃伊。这个木乃伊是由大英博物馆运往美国的，现在只有木乃伊棺材的棺盖还在大英博物馆里。

俄国沙皇"恐怖的伊凡"为了惩罚一位主教，把他缝在熊皮里，然后放猎狗将他咬死。

◎ 在罗马时代，秃头的人把捣碎的苍蝇做成的面团敷在头上，希望头发能够再生。但他们并未如愿。

有些民族在掏空的南瓜里点上蜡烛，希望能够吓走鬼魂。而凯尔特人，据说在秋天直接把吃了败仗的敌人的头颅砍下来代替南瓜来吓退恶鬼。

◎ 过去人们用狗粪和鸡粪的混合物来加工皮革。他们把狗粪和鸡粪混合涂在皮革上，然后放上几个月，再用刀子把皮革上的脂肪和腐肉刮去。

◎ 在过去，欧洲的妇女有时候把装有黏稠树汁的管子围在脖子上，或者戴在宠物身上。据说这个东西能够吸引并捕捉住身上的跳蚤。

◎ 在过去，扫烟囱的人一年只洗 3 次澡，一次是在春天，一次在秋天，还有一次是在圣诞节。在其余的时间里，他们的身上都蒙着一层厚厚的烟灰。

印度的医生最早进行了整容手术。因为在古印度，有些人的鼻子由于犯罪而被割掉，需要医生给他们安上假鼻子。

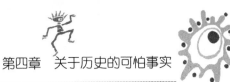

◎ 如果羊群在长满了苜蓿的牧场上吃草，牧人们有时候不得不用锋利的刀刺进羊的胃里，以放出里面积聚的气体。

> 在中世纪，皇室放屁者指的是受雇在国王面前边跳边放屁，以此来取悦国王的人。

◎ 在古时候，"受鞭伴读者"指的是坐在王子旁边听课的人。如果王子犯了错误或者做了错事，"受鞭伴读者" 就要代王子受惩罚。

> 在非洲，一个常见的做法是把一棵柔软的小树拉弯，将它绑在一个即将被砍头的人的耳朵下面。这样的话，受刑者最后感受到的将是脑袋飞向天空。

◎ 1986 年，孟加拉国下了一场大冰雹，每块冰雹平均重达 1 千克。在那场冰雹中，有 92 个人被击死。

> 对被指控会巫术的嫌疑犯的一种通常的测试方法是把他们扔到池塘里，如果他们浮起来，则表示他们有罪，如果他们沉下去，则表示他们是无辜的，不过沉下去的人基本上都已经淹死了。

◎ 直到1868年，英国仍然将罪犯，即使是罪行很小的罪犯运往澳大利亚服7～14年的劳役。其中年龄最小的罪犯仅9岁，他犯的是偷窃罪。

◎ 亨利八世使用死刑的次数超过英国历史上任何一位国王。

◎ 古时候中国的一种刑罚是把囚犯的身体关在铁笼子里，头却悬在外面。囚犯想坐下的话，这个笼子显得太高，想站直的话，这个笼子又太矮。有些囚犯活生生在里面饿死了。

◎ 在高卢人的宴会上，动物的烤大腿都是奖赏给最勇敢的战士。有时候战士们为了争得这个荣誉而大打出手，甚至打死人的事情也有出现。

> "刺穿者"弗拉德·德古拉招待客人就餐的时候，常常在他们周围摆上刚刚处决掉、还挂在木桩上的尸体。

◎ 很久以前，人们把死刑犯用铁链或者铁笼子形状的绞刑架吊死，行刑地点就在犯罪现场附近。死刑犯的尸体挂在那里，直到烂得"骨头都没了影儿"。

◎ 1577 年，牛津监狱里爆发的一场斑疹伤寒夺去了 300 人的性命，其中包括法官、陪审员、证人和目击者。而囚犯们由于已经习惯了肮脏的生活环境，反而逃过一劫，得以幸存。

◎ 在法国大革命期间，每次在断头台处决犯人总能吸引大量的公众围观。在刽子手拎着囚犯的脑袋示众时，人们竞相跑上前去接脑袋上滴下的血。他们把沾了血的手绢作为此次户外散步的纪念品。

1857 年，英国殖民者将一群印度人绑在加农炮的炮口上，在大炮发射后，他们的身体被炮弹炸成了碎片。

◎ 在过去，人们将自杀身亡的人的心脏插在一根木桩上，然后把他们的尸体埋在十字路口处。据说这样死者就无法上天堂了，而十字路口会让他们找不到回家的路，使他们的鬼魂没办法骚扰其他人。

奥伦治·威廉
原本是荷兰国王，后来统治英国。这位国王给了他信任的一个仆人一笔钱买衣服，而仆人却用来买了一把手枪暗杀国王。案发之后，威廉把这个仆人身上的肉用烧红的钳子一块块地撕下来，把他的内脏拉出来，把他的身体切成碎片。

在过去，有些妇女用放了一周的尿液洗头发，清洗完后，她们将头发编成辫子，然后用更多的尿液来固定发型。

◎ 世界上第一个因为指纹证据而被定罪的人是阿根廷一位谋杀了自己孩子的妇女。此案发生在 1892 年，她的指纹是从留在门框上的血迹找到的。

在过去，如果一个妇女太会说闲话，或者在她丈夫面前太唠叨，人们就在她的头上套上一个叫"谩骂者的马勒"的铁笼子。笼子里有一个尖尖的铁片装在受罚者的嘴里。只要她一说话，舌头就会被铁片割断。

◎ 在 1685 年，一头狼经常骚扰德国安斯巴赫附近的一个村落，使得村民恐慌不安。人们逮住它后，判它有罪，然后给它穿上衣服，把它绞死了。

◎ 智利的新克罗部落在 8000 年前就开始制作木乃伊了。他们砍掉死者的四肢，剥掉他们的皮并用烟熏干。接着将死者的骨头固定在木棒上，把内脏等软组织挖掉，用青草和木灰代替。然后，把所有身体部件拼凑在一起，涂上颜料。

据说在拿破仑 1812 年入侵俄国期间，
有一些法国士兵剖开马肚子躲到里面，以免被冻死。

◎ 1938 年在挖掘英国埃夫伯里的巨石阵期间，考古学家们发现了一个男人的尸体。他是在 14 世纪 20 年代当地村民们竖立巨石的时候，不小心被倒下的巨石压死的。

◎ 自从 1100 年以来，欧洲超过 10 万人因为被怀疑会巫术而受到审问，其中绝大多数人遭到刑讯并被处死。

◎　英国革命者奥利弗·克伦威尔虽然是正常死亡，他的尸体却被敌对者挖出来加以审判后斩首。他的头被埋在剑桥西德尼·苏塞克斯学院一个未做标记的地方。

> 在石器时代，有一些民族认为只有在尸体上的肉消失之后，死者的灵魂才会离开身体。所以他们或者等死者身上的肉烂光了，或者把尸体给野兽吃，或者把死者身上的肉割掉后，才进行埋葬。

◎　除了把人体做成木乃伊外，埃及人还把各种各样的动物也做成木乃伊，例如猫、鳄鱼、鸟，甚至还有鱼和蜣螂。

人们在英国挖掘出的一个千年古墓里发现了一具棺材，棺材里面装着一具富有的妇人的尸体，棺材上面则是一个贫穷的妇人，身上被一块巨石压着。这个贫穷的妇人可能是个奴隶，被活埋在这个坟墓里，以便在富有的妇人去世之后，依然能够伺候她。

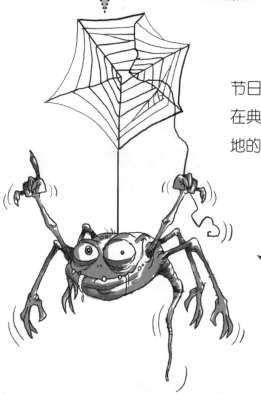

◎　阿兹特克人在庆祝春神的节日时，会把战俘活活剥皮。祭司在典礼上披上这些人皮，以象征大地的复苏和新生命的开始。

在过去，北美洲的苏族人用自己干化的脐带做护身符，他们相信这能使自己长寿。

◎ 有一条拉萨犬因为咬人而被关在美国华盛顿一所监狱的死囚区长达 8 年之久。

俄国沙皇彼得大帝少年时代就养成了自己独特的爱好，在他众多的玩具里，石匠、木匠和铁匠用的工具无一不全。成人时，他至少精通了 12 种手艺，他做的木工活和车工活都可以称为精品。

◎ 以前大不列颠人经常用跳崖这种方式实现安乐死。如果有的人因为太老而跳不动，别人会推他下去。

◎ 在 18 世纪的英国，对穿格子呢衣服或者吹奏风笛的行为的惩罚是——死刑。

◎ 盎格鲁-撒克逊人在"必要的情况下"，可以将自己满 7 岁的孩子卖为奴隶。

◎ 在过去，英国每所学校里至少都有两种以上的标准藤条用于惩罚淘气的学生。教师们用老一些的藤条抽打 15 岁以上的学生，因为老一些的藤条比较长，比较粗。而惩罚 15 岁以下的学生，教师会使用相对较短较细的嫩藤条。

安第斯山脉的希瓦罗族会缩制在战斗中杀死的敌人的头。他们先把头皮剥掉，把上下眼睑及上下嘴唇缝合起来，再把头皮放到沸水中和起收敛作用的草药一起煮几个小时。然后把煮过的头皮晾干，往里面塞烤热的石子和沙子，使其进一步缩小。最后把头皮涂成黑色。

◎ 除了心脏以外，埃及木乃伊体内没有任何内脏。其他内脏都被取出来，分别放在礼葬瓶中。礼葬瓶放在旁边，和木乃伊一起埋葬。

◎ 1879～1884 年，智利为了争夺鸟粪收集权以及确定玻利维亚和秘鲁是否应该为收集鸟粪付税而与这两个国家开战。

在现代下水道系统出现以前，人们都是派一个小男孩把粪坑里积累的大便掏干净后运走。这项工作臭气熏天，而且令人恶心，所以人们都把这项工作安排在夜里，以免让大家看到。

◎ 西班牙国王菲利普在 1560 年过世。他的妻子极度悲伤至精神崩溃，不许人们将他埋葬，而把他的棺材随身携带。

◎ 俄国沙皇彼得三世在死后 34 年才得到加冕。人们为了把皇冠戴到他头上，不得不先打开他的棺材。

◎ 人们曾经相信，在衣服上涂上死猪的脂肪就可以让衣服不长跳蚤。

◎ 在口红发明之前，妇女用来涂嘴唇的东西叫胭脂红，它是由雌胭脂虫虫体干燥后研成粉末制成的一种红色染料。

在真正的足球发明以前，男孩子们踢的球是用塞有豌豆的猪膀胱做成的。

◎ 公元前 7 世纪雅典统治者德拉古亲自制定了一套法律系统，他给每一项违法活动都定了死罪。

由于英国国王威廉一世身躯过于庞大，人们无法把他的尸体装进棺材。于是派了两个士兵在他的尸体上跳上跳下，希望能够压进棺材。结果他们踩断了他的背，踩爆了他的胃。

◎ 在中世纪，照看猎狗的男孩夜间必须和猎狗一起睡在狗窝里。

◎ 在英国，自杀曾经是非法行为，对自杀未遂者的处罚是死刑。

在古罗马宴会上，人们在吃饱之后
会故意强迫自己呕吐，因为这样可以吃进更多的东西。

◎ 在中世纪的法国，人们认为坐在鸡蛋上的公鸡是被魔鬼附体了，因为通常只有母鸡才这么做。所以人们都把这样做的公鸡烧死在火刑柱上。

20 世纪 20 年代，一种奇怪的"睡眠病"瞬间席卷了整个英格兰，染上这种病的人都会长期处于一种昏睡状态中，一直到死去。当时英格兰就有很多人因为这种奇怪的疾病而失去了生命。

◎ 考古学家在秘鲁发现了绑起来供秃鹫食用的尸体，他们可能是被用作祭祀的人。

在收获季节，为了表达对丰收女神的感激，阿兹特克人会将一名少女剥皮作为供品献给女神。在庆祝节日上，祭司将身披这张人皮主持各项祭祀活动。

◎ 19 世纪的蒙古人把囚犯关在比棺材大一点点的箱子里，直到他们死亡。有些囚犯会得到食物，不过绝不允许把他们放出来。

◎ 以前，许多地方的房屋都是用马粪和稻草的混合物建造而成的。

◎ 在古巴比伦，一个医生如果因为意外而把病人治死的话，他的双手将会被砍掉。

扫码获取
更多资源

第 五 章
关于科学的可怕事实

◎ 进入石器时代后，世界各地的很多部落都出现了在头上穿孔的行为。他们都用石头在头盖骨上穿孔，其目的是把脑袋中邪恶的精灵释放出来以缓解头痛。穿孔后人们通常都还能活下来，因为根据考古发现，在许多穿过孔的头盖骨中有愈合的迹象。

◎ 在 1962 年，一名荷兰医生决定进行穿孔试验，他用一个电钻在自己的头上钻了一个孔。

早期的印度医生用蚂蚁来缝合病人的伤口。他们把孟加拉里蚂蚁整齐地排列在病人伤口处，这些蚂蚁立即用它们强有力的腭把伤口两边咬和在一起，然后，医生就把蚂蚁的躯体剪掉，让蚁头留在缝合处起固定作用。

◎ 疟疾是通过蚊子传播的一种传染病，它是由人体血细胞内的一种小寄生虫引起的，每年要夺走 100 万～ 300 万人的生命。

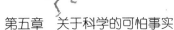

◎ 19世纪法国的铁路工人声称他们放飞了一只在岩石中发现的翼龙。据他们说，翼龙起初是活着的，它拍打着翅膀，并发出叫声，然后才死掉。关于岩石中藏着青蛙和其他动物的报道很常见，不过都没有得到科学上的证实。

如果你掉入了黑洞中，你的身体会被拉伸成一条细长得不可置信的线。这被称为拉面过程。

◎ 如果把蛇的毒液吞到肚子里，一般不会中毒。因为胃酸会改变毒液中化学物质的性质。

◎ 对于花生酱粘在上牙床的恐惧有一个专门的科学术语，叫花生酱粘上腭恐惧症（Arachibutyrophobia）。

月桂和杜鹃
花蜜中含有一种毒素，会使人中毒。公元前66年，罗马军队被敌人引诱至一片小树林，这片树林里正好有蜜蜂用月桂和杜鹃的花酿造的蜜。他们吃了这种蜂蜜后，因为毒性发作无力抵抗而惨遭屠杀。

◎ 科学家从婴儿掉落的牙齿里提取出干细胞，并把它们在实验室里加以培育，然后植人老鼠的嘴里。结果老鼠长出了柔软的牙齿，不过外面没有坚硬的珐琅质。

◎ 尿液和清洁剂含有相同的清洁成分。有一些民族过去用尿液来清洗物品。

当今世界上存在着一个新生婴儿脐带库，人类建造它的目的是在将来医学发展到更高水平的时候，可以利用这些脐带来制造新的器官和组织。

◎ 研究肿瘤增生的专家们把萤火虫体内的发光基因植人到病体中，使得肿瘤会在黑暗中发光。科学家用这种方法观察到一个接受实验的动物的皮肤里的肿瘤，并且无须开刀就知道肿瘤是在增生还是在萎缩。

有些动物对少量的毒气也有反应，因此人类利用它们作为早期的预警器。譬如，在第一次世界大战期间，德国人在战壕里养猫，用它们来嗅出瓦斯；英国的矿工在矿井里养相思鹦鹉，因为只要有瓦斯泄漏，它们就会迅速死亡。

◎ 在澳大利亚，每年和袋鼠相关的道路交通事故超过2万起。所以澳大利亚的汽车工程师在碰撞测试中使用仿效袋鼠制造出来的机器袋鼠，来测试袋鼠可能给汽车造成的损害程度。

要具备足够挡住一颗子弹的脂肪，一个人的体重必须达到650千克左右。然而，即使身体可以挡住子弹，人仍然会被射向头部的子弹打死。

◎ 维多利亚时代的孩童通常会得到一个盐瓶作为自己已经长大的标志。事实上，瓶子中的盐是和溴化物混合在一起的，因为溴化物能使孩子们更安静，举止更得体。

◎ 土豆、茄子、西红柿和胡椒都是茄属植物，大部分的茄属植物都能分泌致命的毒汁。

验尸专家能够通过辨认尸体上蛆、蠕虫和昆虫的种类推算出当事人死亡的时间。

◎ 科学家们正在研制一种能够运输药物的微型机器蝌蚪，这种蝌蚪能够在病人的血管中游动，将药物运到人体需要的部位。

并非所有的死尸都会腐烂。在适合的条件下，尸体内的脂肪会转化成类似肥皂的物质，所以即使过去了好几年，尸体被挖出来时的样子看上去仍然和刚刚埋葬时差不多。

◎ 考古学家通过检验石器时代人类的粪便——粪化石，发现了他们当时吃的是什么食物。在检验之前，要先将粪化石在水里浸上三天，把它泡软。

◎ 所谓的美人鱼愚弄了科学家很多年。最近一次这样的事件发生在 2004 年，当时据称在亚洲发现了一只被海啸冲到海岸上的美人鱼。而最远的一次这样的事件发生在 1400 年前，据说当时在日本出现了所谓的美人鱼木乃伊。

◎ 澳大利亚的本杰明·德雷克·范·维森发明了一种机器，它能够挖掘太平洋岛国瑙鲁上的海鸟粪，并将之转化成肥料。

◎ 1999 年，美国芝加哥的一位艺术家宣布了他的一项计划：把水母的基因植入到狗的体内，使狗能在黑暗中发光。

◎ 平均每张床上都有 600 万只尘螨。

◎ 皮蠹能够把动物尸体上的腐肉吃得非常干净，因此有些自然博物馆就利用它们的幼虫来清理打算展出的骨架上的腐肉。

151

◎ 发芽的马铃薯中含有一种叫作龙葵碱的有毒物质，可以致人死亡。马铃薯长时间储存在亮处，就会产生这种物质。食用两千克这样的马铃薯就会使人死亡。

石油是由数百万年以前死亡的动植物尸体腐烂分解而成的，它们都被深埋在地底下。

◎ 如果你在一场雪崩中被困，想辨别出上下方向是不可能的，这样你就无法知道朝哪个方向挖洞才能脱身。在这个时候，你可以小便，然后看看黄色尿迹延伸的方向——因为重力会使得"水往低处流"。

1822 年，威廉·博蒙特医生在研究人体消化系统的时候，碰巧遇到一个很好的研究对象：一位胃部中枪的病人。子弹在病人胃部造成的小孔没有愈合，正好可供博蒙特医生观察人体消化过程。但是如果不把的那个孔治愈，病人吃进去的食物就会通过那个孔流出来。

◎ 为了消灭传播疟疾的蚊子，一位美国科学家建造了许多吸引蝙蝠的塔。他在塔里放上布满了蝙蝠粪便的布以吸引蝙蝠入住，同时在蝙蝠原来的窝附近播放音乐，把它们赶出来。几年之后，人群中疟疾的感染率从89％降低到零。

世界上毒性最强的非金属元素是砷。过去人们用它做成苍蝇纸杀死苍蝇，结果有一些人因为不小心接触苍蝇纸而死亡。

◎ 如果你用铁制的菜刀切菠菜，菜刀和菠菜都会变成黑色。因为菠菜中含有的一种物质会和铁元素发生反应。

在第一次世界大战期间，人们用金鱼来检查防毒面罩里的所有毒气是否都已清洗干净。面罩清洗之后，在里面装上水，然后将金鱼放进水中。如果金鱼死掉，说明面罩里仍然还有毒气。

◎ 中国台湾云林县台西乡商代遗址出土的石质砭镰，是目前中国发现的最古老的医用手术器械——3100多年前的手术刀，也是目前发现的世界上最早的手术器械。

过去人们用白色的铅粉涂抹身体，使皮肤显得白皙美丽。但是铅粉会使人中毒并缓慢死亡。因为一旦铅的毒性发作，皮肤就会显得很难看，这时人们就会擦更多的铅粉来掩盖皮肤上的受损部位。

◎ 要让沉在海底的鲸鱼尸体完全消失大约需要100年的时间，在这段时间里，各种各样的动物、植物和微生物会慢慢地享用它的尸体。

早期的火柴是用有毒的化学物质做的，并且会在温暖干燥的环境下自燃。这使得制作火柴的童工因此中毒，而当时人们的口袋则经常会意外失火。

把食物上发霉的部分刮掉，并不意味着已经彻底清除变质的部分。因为霉菌延伸到食物内部的深度是在食物外部可见部分的 9 倍。

◎ 一些小动物，譬如老鼠，从 1 000 米高的矿井掉落仍然能够安然无恙。因为在坠落过程中产生的最快速度还不足以挤碎它的身体。动物或者物体的体积越大，安全坠落的距离就越短。

◎ 我们的血液之所以是红色是因为它用铁元素来运输氧气，而一些蜘蛛的血液之所以是蓝色是因为它们用铜元素运输氧气。

约翰·海埃在 20 世纪 40 年代于英国伦敦杀死了 6 个人，他把受害者的尸体放在装有酸液的桶里溶解，希望以此来消灭掉所有证据。然而，警察还是在一堆泥状物中发现了 3 块胆结石和其中一名受害人的假牙。这些证据已经足以让他罪名成立。

◎ 沉在海底的炮弹被打捞上来时会爆炸并炸死潜水员。因为海底的细菌会分解炮弹上的金属，这个过程所产生的气体在炮弹到达海面时迅速扩散并引起炮弹爆炸。

可 怕 的 事 实

◎ 如果你用手指在凝结着水汽的窗户玻璃上涂鸦，你的作品会在下次窗户玻璃有水汽时重新出现。因为你手指上的油脂保留在玻璃上，它和水不相溶。

中世纪治疗口吃的一种方法是用烧红的铁块烫舌头，但是这种方法其实并没有效果。

◎ 在面积为 1 平方千米的开阔土地上，蚯蚓每年带到土地表面的泥土有 400 万千克。

◎ 在 17 世纪，把蜘蛛裹在黄油里吃下去被认为是一种治疗疟疾的偏方。

在历史上有好几起有据可查的人体自燃事件。在有些事件中，整个人烧得只剩下一堆灰，或者一只脚，或者几件烧焦的衣服。

156

◎　经过训练的用于寻找地雷的老鼠非常轻，即使它们踩在地雷上面，也不会将地雷引爆。当嗅出附近有地雷时，这些老鼠会在地面又抓又咬来通知工兵，后者就会上前拆除地雷。

在第一次世界大战中战死的战马被回收用来制作炸药，它们的脂肪经熬炼后，可以做成 TNT 的一种成分。

◎　如果你从悬崖或者高楼上掉落，你能达到的最快的坠落速度是 200 千米每小时。这个速度被称为"终极速度"，它足以让你摔到地面时发出大大的一声"啪"。

◎　鸟粪是西太平洋岛国瑙鲁的主要出口商品。由于鸟粪中含有丰富的氮元素，人们利用它们做肥料。

有些科学家认为，所有的脊椎动物都是从 5.5 亿多年前的一种体长 6 厘米形似蝌蚪的物种进化而来的。

◎ 有一些富人要求在死后将自己的尸体低温贮藏（深度冻结）起来，希望将来的医学能够找到医治导致他们死亡的疾病的方法，将他们治好后使他们复活。

太空中温度非常低，在太空船内往外小便，会在瞬间凝结成一串黄色的结晶体。

◎ 如果土豆是在今天被发现的，它们很有可能会被欧盟禁止食用。因为根据欧盟的规章，土豆作为食物实在太危险。

有一个人做了一个和维纳斯捕蝇草（一种食肉植物）有关的试验。他把自己由于患了足癣而烂掉的脚趾喂给捕蝇草吃，结果发现捕蝇草很快就把它消化掉了。

1 万个细菌紧密地排列在一起，延伸的长度大概是你的指甲那么长。

◎ 地球上昆虫的数量是人类数量的 1 亿倍，而它们的总重量是人类总体重的 12 倍。

◎ 在紧急情况下输血时，椰奶可以代替血液中的水分。

日本科学家已经在实验室里成功地制造出了蝌蚪的眼睛。他们把制造出来的眼睛移植到蝌蚪身上，即使在蝌蚪变成了青蛙之后，这双眼睛仍在起作用。

◎ 化学物质磷是由德国的炼金术士亨宁·勃兰特在 1669 年发现的。他把变臭的尿液加热，在所有的水分都蒸发之后，就提取到了磷。

◎ 麦角菌是一种长在黑麦上的真菌。人们吃了麦角菌之后会表现得像发疯了一样。有一些历史学家认为历史上那些声称自己能飞，因而被指控会巫术的人，以及那些被指控行为怪异的人，都有可能是中了麦角菌的毒。

粪便中的细菌能够穿透 10 层厕纸——这就是为什么便后要洗手的原因。

世界上最大的生物体是位于美国华盛顿的一株巨型真菌。它几百年来一直在生长，目前的占地面积是 6.5 平方千米。

◎ 非洲的马赛人把牛尿作为镇静剂饮用。

◎ 蓖麻子是自然界中毒性最大的植物，仅仅 70 微克蓖麻毒素就能杀死一个成年人，这比响尾蛇毒液的毒性要强 1.2 万倍。

◎ 有一些人——大部分都是美国人——声称自己在睡觉的时候被外星人绑架过，外星人在他们的身上做试验，有时甚至还改变了他们的思想，直到试验结束后他们才被放回地球。

◎ 鬼火在夜间的时候出现在多沼泽的地区，它其实是沼泽中的气体燃烧产生的火焰。以前许多旅行者把它误认为灯光，结果偏离了正确的道路向它走去，最后深陷沼泽而死。

据说现在的美国人死后腐烂的速度比以前的美国人要慢很多——因为他们现在吃了很多含有防腐剂的食物。

◎ 在美国得克萨斯州的普莱诺市有一家蟑螂博物馆。

细菌每 20 分钟分裂一次。因此，一个细菌（它不需要什么男朋友或者女朋友）经过 9 个小时之后，就能够繁殖出 1.3 亿个后代。

◎ 一些科学家认为太干净了反而会使人体生病——一些研究表明，人类需要进食少量的脏东西以激活自身的免疫系统。如果人体被感染而免疫系统却没有激活，就会得哮喘和一些过敏疾病。

如果你住在伦敦，那么平均每杯自来水在到达你家的水槽前，都已经经过了9个人的水槽。

◎ 美国正在研究一种消灭蟑螂的方法，即散播一种能够杀死蟑螂但不会伤害人类的寄生虫。

◎ 2004年，英国科学期刊《物理世界》举行的一次最伟大公式选举活动中，"1+1=2"这个基本公式名列第7，只比爱因斯坦提出的质能方程 $E=MC^2$ 落后两位。

研究器官移植技术的科学家们在一只老鼠的背上移植了一只人类的耳朵。这只耳朵是用人类的软骨组织制成的，在生长过程中所需的营养由老鼠的血液提供。

 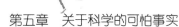

◎ 除臭剂并不是通过阻止你出汗，而是通过杀死使你的汗液变臭的细菌来消除臭味。

> 对脑部损害的最早研究和一名叫菲尼亚斯·盖奇的铁路工人有关。1848年，在一次爆炸中一根粗铁棒击穿了他的脑部。尽管经过治疗后，他的身体逐渐康复，但他的性格却完全改变了。他的头骨和那根铁棒目前仍在美国的哈佛大学展览。

> 罗马人治疗癫痫症的一种方法是用角斗士的鲜血洗浴。

◎ 19世纪，在英国约克郡有一种治疗百日咳的方法是喝一碗用9只青蛙熬的汤。你不能自己做这碗汤，因为据说只有在不知情的情况下，喝这碗汤才有效（即使在这种情况下喝下去，也有可能还是不会奏效）。

◎ 罗马人用在醋里浸过的蜘蛛网装饰小伤疤。

◎ 居住在太平洋楚克岛的人们用蜈蚣和黄貂鱼的尾巴制作春药。

◎ 解剖尸体在好几个世纪内都是违法的，所以外科医生和科学家为了了解解剖学知识，不得不付钱给盗贼，让他们去偷在绞刑架上被处死的死刑犯。

一种治疗肺结核的古老方法是：将一头刚刚杀死的牛开膛破肚，把它的肠子拉出来绕在患者的脖子上，患者通过深呼吸把肠子散发出来的气味都吸进去。

空调系统里寄生着许多细菌。由于空调系统使用的空气在大楼内反复循环，它反而成了在大楼内传播疾病的最好方式。

◎ 一种从水蛭中提取出来的化学物质被用作止痛剂。

◎ 用微波灭虫器杀过虫的房间里到处都是虫子的血，因为这种灭虫器会使虫子爆炸。

◎ 1991 年的澳大利亚年度发明奖颁给了一种蟑螂消灭器的发明者。这种蟑螂消灭器先用食物把蟑螂吸引过来，然后把它们电死。

中世纪一种治疗脑膜炎的方法是把一只鸽子剖成两半，然后把它们敷在病人的头上。

如果你在冲马桶的时候没有把马桶盖盖上，尿液和粪便组成的一些微粒会扩散到卫生间的空气中，并且其中有一些会落到你的牙刷上。

◎ 澳大利亚一种带刺的树能引起人体剧痛，甚至致人死亡。这种树的叶子上掉落的充满毒素的细毛刺进人的皮肤，然后把小伤口封住，将毒素封闭在里面。仅仅站在这种树下就会让人痛苦地流鼻血。

◎ 一种治疗头疼的古老方法是把绞死犯人的绳子绑在患者的额头上。

在过去，治疗所有疾病的一种通用方法是给病人放血。放血的方法有两种：一种是医生在病人的身上割一个小伤口，然后在伤口上面罩上一个烫的杯子，把血吸出来；另外一种方法是用吸血水蛭。现在一些西医已经重新开始使用水蛭来吸血。

◎ 为了抓到水蛭用于医疗，抓水蛭的人故意站在河里，等待水蛭到他们的身上吸血。

在19世纪晚期，埃及火车上使用的燃料是古代的木乃伊，因为它们的数量比煤和木头要充足得多。

在土耳其，人们治疗牛皮癣的一种方法是让患者坐在装满了鱼儿的浴盆里，鱼会吃掉患者身上的鳞状皮肤。

◎ 维纳斯捕蝇草的两片叶子汁液丰富，外形像蛤，边缘有刺。如果有昆虫爬上维纳斯捕蝇草，它们的叶片会迅速合拢，捉住猎物。然后分泌出一种消解液把昆虫消解掉，供自己吸收。

有时候，飞机马桶里冲下来的大便会结成冰块落向地面。

◎ 为了研究猫头鹰吃的是什么食物，科学家们把猫头鹰粪便里的东西分门别类地挑出来，然后把其中不同动物剩下的骨头和毛发重新拼凑起来。

对于在抗生素出现以前，以及即使有了抗生素也无法治疗的一些感染，最好的一种清理伤口方法是把蛆放入伤口，让它把腐肉吃掉。

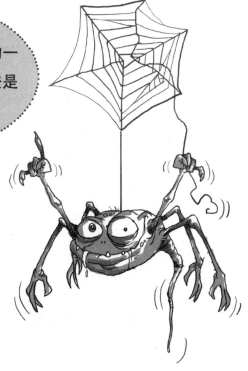

◎ 世界上最精密的天平能测量的物体轻达0.5微克，其精确度达0.01微克，其重量相当于书本中一个句号能用墨水重量的1/60。这种天平为4108型超微天平，由德国生产。

◎ 1952 年，位于英国威尔特郡波顿唐的一化学防御性实验基地开发出世界上最强有力的神经性毒气。该物质的毒性 300 倍于第一次世界大战中所使用的光气毒气的强度，口服该物质最小量 0.3 毫克就能致人死命，在空气中密度达每立方米 10 毫克时亦可使人毙命。

科学家们正在研究一种可以利用宇航员的粪便作为部分燃料的宇宙飞船。

◎ 在中世纪，人们认为在口袋里放一只死尖鼠就能治疗风湿病。

◎ 在 16 世纪的英国，人们把马尿擦在头皮上治疗秃头。

◎　有些婴儿出生时仍然包在羊水包中，在过去这被认为是一种吉兆。第二次世界大战中的英国领导人丘吉尔就是这样出生的。

在洗过尸体的水里洗澡在过去被认为能够治好癫痫症。

◎　一种新的捕鼠器能在抓到老鼠的时候给安放捕鼠器的人发出信号，这样人们就可以在老鼠腐烂变臭之前把它移走。

在 19 世纪，人们用砷来制作绿色颜料。在一次生日宴会上，几个孩子由于吃了蛋糕后中毒而死，因为生日蛋糕上的绿色糖衣是用砷染成的。这促使化学家们要求政府立法规定哪些化学物质可以用在食物上。

有时候鱼和青蛙会像雨点一样从天上掉下来——甚至还下过"肉雨"（小块的肺和肌肉）和"蛆雨"。

◎ 利用基因工程技术，科学家们培育出了一只能在黑暗中发光的老鼠。

◎ 在 6.4 平方厘米的地面上大约生活着 4000 个微生物。

植物并不都像它们外表看起来那样无害——全球有 600 多种吃小动物或者昆虫的肉食性植物。

被装在铅条封住的棺材里的尸体有时候会爆炸，因为尸体腐烂时产生的气体被铅条给封住了，在棺材里积聚后造成很大的压力。如果这样的棺材被挖出来并打开，那么尸体的碎片会炸得到处都是。

◎ 20 世纪 70 年代从月球上回收回来的仪器上还有 1967 年留在那里的细菌，而且它们居然是活的。

鸟粪或者负鼠粪里的大果爬藤榕的种子能在其他树身上发芽长大。它的根缠绕着寄生树的树干生长，它的叶子挡住了射向寄生树的阳光，最终它会把寄生树绞死。

◎ 猪笼草有一个很深的圆筒形的捕虫囊，里面装满了能够溶解昆虫和小动物的酸液。溶解后的动物就是猪笼草的食物。

德国一位动物园管理员本来想用轻泻剂和灌肠（将油从肛门注入直肠）的方法来治疗一头大象的便秘。他的治疗方法非常有效——大象拉出了90千克重的大便。但不幸的是，这些大便都落在了那位管理员的身上，把他活活闷死了。

◎ 风暴性大火通常指的是由爆炸引起的几乎无法控制的大火。它的火焰温度能够达到800℃，而且它以飓风的速度往中心吸收空气。这种情况下，即使人们没有被风暴性大火烧死，也会由于窒息而死亡。

脂肪里含有很多的能量。因此极地探险者有时候会吃油腻的海豹脂肪，以获得保持体温所需的必要能量。

◎ 伤疤是由蛋白质和一种叫作血小板的特殊血细胞反应而形成的，血小板能够使血液变黏而凝结在一起。伤口处的血液一旦凝结，各种不同的化学物质和细胞就开始工作，使血液凝块变干形成伤疤。与此同时，伤疤下面的细胞也在自我修复。因此，如果抠掉一个伤疤，就代表着你使自己身体各部分辛勤工作的成果付诸东流。

一家法国水泥厂利用用过的尿布做燃料，来给水泥窑加热。

1890 年，人们在一个女孩身上涂满了磷，使她的身体能够在黑暗中发光，参加降神会上的表演。不过后来这个女孩因为磷中毒而死掉了。

◎ 过去医生通过品尝病人的尿液来诊断糖尿病，这是因为糖尿病患者的尿中含有糖，尝起来是甜的。

2000 年，英国登山运动员梅杰·迈克尔把他的 5 根手指和 8 个脚趾捐给了一家博物馆。这些手指和脚趾都是他在 1976 年攀登珠穆朗玛峰的过程中冻掉的。

在泥浆里淹死是有可能的，但是要把淹没在泥浆中的人救出来可能性则微乎其微，因为要把人拉出来，需要克服的泥浆重量太大了。

◎ 海底深处的火山口生活着许多奇怪的植物和动物，它们在高温和有毒的酸性水体中仍然能够正常生活。

◎ 研究摩门蟋蟀的科学家把它们的头切掉，以观察它们吃的是什么食物。科学家发现很多摩门蟋蟀都是以其他摩门蟋蟀为食的。如果一只摩门蟋蟀停下来进餐，经常会有另外一只摩门蟋蟀爬过来把它吃掉。

◎ 马粪堆在寒冷的天气里还能热气腾腾，这是因为其中的细菌在分解马粪的过程中产生了大量的热气。由于马粪中含有大量的水和水蒸气，所以它是很好的"散热器"，能够保持高温。

◎ 饥饿的爱斯基摩狗和北极熊会在探险者小便的时候发动攻击，显然它们是被尿液的气味吸引而来的。

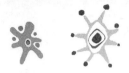

◎ 20世纪90年代，日本精工爱普生公司开发研制出一种机器人，研制人员把它叫作"机器人先生"。这种机器人总体积还不到3立方厘米，体重不到1.5克。

法国的包希欧医生在1905年的一次实验中发现，犯人的头被砍下来后，在25秒钟内仍然能够听到声音并做出反应。

◎ 金刚石的硬度非常高，因此牙医经常把它们装在电钻的顶端，用来钻透牙齿。

◎ 在美国的西海岸有一个专门研究尸体腐烂过程的实验室。科学家们把人体和动物的尸体放在室外任其腐烂，然后研究尸体腐烂的速度，以及尸体上的蛆和微生物。

◎ 第一只冻鸡是由英国著名学者弗朗西斯·培根发明的。他在 1626 年进行冷藏实验时，往一只拔了毛的鸡肚子里塞满了雪，做成了冻鸡。实验获得了成功，但是培根本人却由于在此次试验中感染了感冒病毒而死亡。

> 科学家们在蟑螂的体内装上电极，以此来控制它们的腿，从而把它们改装成活的"机器人"，利用它们带着摄像机或者炸药穿过狭小的空间。

◎ 用氢氧化钠之类的碱溶解动物脂肪可以制成肥皂，在过去，肥皂就是用羊或者猪的脂肪做出来的。

◎ 大多数细菌的直径都只有 0.000 25 厘米。但是目前科学家已在非洲外海的海底发现了一种巨型细菌，无须显微镜，我们就可以看到它们。

◎ 蜂蜜具有灭菌效果，把蜂蜜擦在伤口上可以防止感染。

非洲尼日尔河中，有一种用石头拼造起来的渔船，这种船永不沉底。用来造船的石头叫"洞三石"，这种石头70％以上是空洞，空洞之间都有薄薄的石层相隔，互不通气，具有很大的浮力。

◎ 科学家们经过研究后认为，在石油或汽油稀少的地方（或者说时期），鸡粪可以用作汽车和拖拉机的一种燃料。

◎ 初生的婴儿中偶尔会有几个已经长齐了牙齿。

◎ 在智利，曾有一段时期从阿里卡到拉巴斯之间的火车使用的燃料是骆驼粪。

第 六 章

可怕事实的世界纪录

◎ 一家英国航空公司从1996年起在它的飞机呕吐袋上用11种语言印上了使用指南——很显然，这创下了一项纪录。

◎ 来自于美国爱荷华州的查尔斯·奥斯伯恩每隔1.5秒钟都要打嗝一次，就这样打了69年，然后突然停止不打了。

麝猫是苏门答腊岛上的一种野猫，世界上最昂贵的咖啡就是用它的粪便中回收的咖啡豆做的。

◎ 纽约的肥胖人士沃尔特·哈德逊一顿饭的食物包括：12个油炸圈饼、10包炸土豆条、8份中国外卖和半个蛋糕。

◎ 美国的蒙特·皮尔斯能用耳垂把一枚硬币拍出3.3米远。

◎　1999 年，英国的彼得·多德斯韦尔在 1999 年用创纪录的 45 秒钟吃下了三道菜组成的一餐饭。这餐饭包括牛尾汤、土豆泥、烤豆、烤香肠以及洋李干。

◎　美国的娜塔莎·维露什卡保持着吞剑方面的世界纪录，她在 2004 年的一次表演上吞下了 13 把剑。

◎　牙买加的马鞭草蜂鸟所产的蛋一般长度不足 1 厘米，重量仅有 0.36 ~ 0.37 克。

马达加斯加发声蟑螂是世界上最大的蟑螂，它能够长到 9 厘米长。

◎ 黑头海蛇生活在澳大利亚北部的帝汶岛海域，它比陆地上最毒的毒蛇还要毒上 100 倍。

◎ 2005 年，来自意大利的列奥纳多·丹德瑞在 1 分钟内用头敲碎了 32 个西瓜。

1998 年，美国的凯文·科尔一个喷嚏把一根意大利细面条从鼻子里喷到了 19 厘米开外。

法国的马克·坤奎登 11 分钟内吃下了 144 只蜗牛，从而创下了一项世界纪录。这项纪录后来被他自己打破，他当时在 3 分钟内吃下了 72 只蜗牛。不过吃完之后，他马上死掉了。

◎ 栖息在中国西北部高山湖泊地区的斑头雁的最高飞行高度是 1.7 万多米。斑头雁冬季一般生活在印度地区，夏季它们会从印度跨越世界第一高峰——珠穆朗玛峰飞到在中国的栖息地西藏。

在 2005 年，来自澳大利亚的马太·汉修吞进一把长 40.5 厘米的剑，并将一袋重 20 千克的土豆在剑把上挂了 5 秒钟。

◎ 歌利亚甲虫以吃粪球为生，它和仓鼠差不多大，是世上体形最大的甲虫。

1998 年，来自美国迈阿密的 13 岁男孩丹尼尔·柯奈 3 周内接受了 12 个器官的移植手术。

◎ 世界上最响的尖叫纪录是 129 分贝，那一声尖叫是由吉尔·德雷克在 2000 年的一场万圣节庆祝会上发出的。

◎ 到2005年3月为止，美国人唐纳德·歌斯克已经吃了20500个Big-Mac汉堡。33年来，他每天至少吃一个Big Mac汉堡。

一位在治疗脚臭实验室工作的女子15年来闻过了5600只脚的味道。

◎ 美国人戈登·凯斯保持着亲吻毒蛇的世界纪录，在1999年一年里，他亲吻了11条眼镜蛇。

一个日本女人创下了胃里长的虫子最多的纪录，在1990年，医生总共从她胃里取出了56条虫子。

◎ 在 1980 年的一次"引诱虫子锦标赛"上，汤姆·沙弗伯特汉把 511 只虫子从地下引到了地面上。

◎ 在 1997 年，医生在一个 16 岁的埃及男孩的体内发现了他未出生的双胞胎兄弟。他的这个兄弟在 32 ～ 33 周大的时候就死掉了，只长到大约 45 厘米。

◎ 丹尼·卡普斯保持着吐死蟋蟀距离最远的世界纪录，他把一只死蟋蟀从嘴里吐到了 9.17 米之外。

◎ 美国人迈克尔·劳埃德用脚踢自己头的速度是世界上最快的，他可以连续不停踢 42 次。

1997 年 12 月 24 日，在英国伦敦广播电视公司的一个节目上，约翰·埃文斯当场头顶 101 块标准建筑用砖共计 188.7 千克达 10 秒钟之久。1999 年 5 月 24 日，他甚至用头顶起了一辆重 159.6 千克的迷你式汽车。

◎ 泰国人胡思劳 70 多年来都没有剪过头发。

在 2001 年的一次早餐电视秀上，英国人肯·爱德华在 1 分钟内吃下了 36 只活蟑螂。

◎ 美国政府正在研究是否可以将世界上最臭的两种物质制成武器，它们是两种臭气，可以在不伤害人体的情况下驱散人群。

英国人西罗·葛佑保持着"胸口碎大石"的世界纪录：他躺在钉床上，胸口放着 37 块总重量达 235.8 千克的石块，然后让人拿大锤把这些石块敲碎。

◎ 亚洲象是妊娠期最长的哺乳动物，平均为 609 天，最长的近 2 年之久。由于亚洲象怀孕周期太长，致使幼象出生率极低。

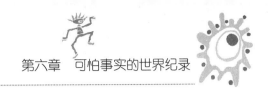

◎　1951 年，在美国芝加哥进行的一场切除肿瘤手术是目前耗时最长的手术，总共持续了 96 个小时。

◎　美国人达斯丁·菲利普能够用吸管在 33 秒内喝完一整瓶番茄酱。

> 雪德哈·奇拉尔的指甲养了 44 年从未剪过。它们的平均长度是 117 厘米，其中大拇指的指甲长 132 厘米。

◎　有一种叫斑叶兰的植物，它的种子小如灰尘，5 万粒种子只有 0.025 克重。

◎ 美国伊利诺伊州的罗伯特·厄尔·休斯拥有有记载以来的最大胸围。在 32 岁那年去世的时候，他的胸围是 3.15 米，体重则是 484 千克。

乔恩·布劳尔·米农柯在 1976 年的体重是 635 千克。曾经在一周内，他的体重增加了 89 千克。他真的是太重了，在生病的时候，需要 12 名消防队员才能把他抬出房子，想翻一次身的话，得动用 13 名护士，把两张床拼在一起对他来说仍然不够。

◎ 世界上现在还在世的最矮的成年人是印度人古尔·穆罕默德，他在 33 岁的时候，身高只有 57 厘米，体重只有 17 千克。

◎ 雷蒙达花生长在南美洲海拔将近 4000 米的安第斯高原上，100 年才开放一次，并且在开完花后的很短时间内立即枯萎而死。

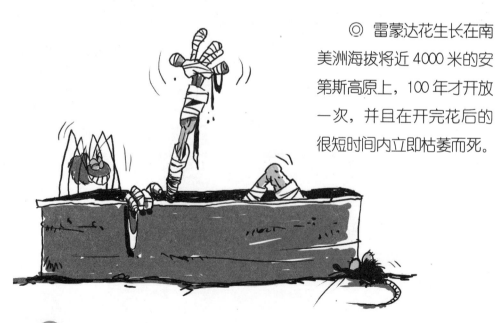

◎　把一口烟吐得最远的纪录是16.23米，这个纪录创于1997年。

◎　世界上有记载的最长的眉毛有7.8厘米长。

有史以来最严重的传染病是黑死病——一种由老鼠身上的跳蚤引起的瘟疫。1347～1351年间，它在欧洲和亚洲夺去了7500万人的生命。

◎　在南美洲生长着一种叫"可可依"的小虫，是地球上最毒的虫。其体重仅1～2克，从其体内提取出来的毒素，比眼镜蛇的毒性强10倍以上。当地人用它涂在箭头上制成的毒箭，10年后仍能置人死地。

◎　在1895年，医生从一名20岁的英国妇女胃里取出了重达2.53千克的毛团。

◎　英国人迪安·古尔德能用别针在1分22秒内挑出50个蛾螺肉。

◎ 胆结石是积累在胃里的矿石形成的石块。有史以来最大的胆结石重 365 克，它是由一个医生在 2003 年从一个澳大利亚男患者体内取出的。

◎ 世界上最长的腿毛长在澳大利亚人提姆·史汀顿的腿上，它有 12.4 厘米长。

1912 年拍苍蝇大赛的冠军拍死了 543 360 只苍蝇，总重量达 96 千克。

◎ 金·古德曼能使自己的眼珠突出到眼眶外 11 毫米。

◎ 在美国加利福尼亚生长着一棵名为"谢尔曼将军"的巨杉，已有 3500 年的树龄，其直径近 12 米。

◎ 美国蒙大拿州的摩托车特技表演者伊万·柯尼万骨折的次数是最多的，在他的职业生涯中，他骨折了 435 次。

一名保加利亚男子在 1942 年不小心开枪打中了自己，那颗子弹至今仍然留在他的脑袋里。

◎ 据说 18 世纪 70 年代生活在英国的托马斯·韦德斯脸上长着一个 19 厘米长的鼻子。

世界上拥有全套假牙的年龄最小的人仅有 4 岁，他之所以戴假牙是因为得了一种遗传疾病，这种疾病把他的全部牙齿都破坏掉了。

◎ 美国人罗伯特·瓦德洛的双脚是有记载以来最长的，它们有 47 厘米长。

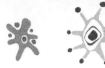

英国人盖里·特纳

能够将自己的皮肤拉离身体15.8厘米，因为他得了一种
病使他的皮肤弹性超级好。

◎ 美国的蒙特·皮尔斯能够将左耳垂拉伸到12.7厘米长。

英国人斯蒂芬·
泰勒能够将他的舌
头伸到嘴外9.4厘米，
这里的9.4厘米指的
是从舌尖到嘴唇的
距离。

◎ 世界上最长的胡须长在挪
威人汉斯·兰塞兹的下巴上，总
长是让人难以置信的5.33米。这个长度是汉斯
过世时量出来的，他于1927年在美国爱荷华
州的肯塞特郡逝世。在1967年，他的胡须被
赠送给了华盛顿的史密森学会。

意大利奥尔斯克市的市民乔瓦尼·巴蒂斯塔收藏了 200 多万颗人类的牙齿。

◎ 印度人沙姆希尔·辛格是目前还在世的人当中胡须最长的，他的胡须有 1.83 米长。

◎ 英国人托马斯·布莱克索尔能够用舌头拉起 11 千克的重物。

萨尔瓦多的雷内·奥华连卡吃过 3.5 万只蝎子，他每天吃 20 ～ 30 只蝎子，每只蝎子都是他自己赤手空拳抓来的。

◎ 目前发现的最小的哺乳动物是基茨猪鼻蝙蝠。这种动物长 33 毫米，重 2 克，在泰国西南部的石灰岩洞中被发现。

◎ 英国人盖里·特纳有一次在自己脸上夹了 159 个木制衣夹。

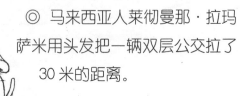

法国人米歇尔·罗蒂多
被称为"什么都吃先生"，因为自从 1959 年以来他
吃下了各种各样的玻璃和金属。他吃过一台电脑、18 辆自
行车、一架飞机、6 盏枝形吊灯、15 辆超市手推车、2 张床、
7 台电视和一双滑雪板。总的加起来，他吃
了 9 吨多的金属。

◎ 马来西亚人莱彻曼那·拉玛萨米用头发把一辆双层公交拉了 30 米的距离。

◎ 荷兰人维姆·霍夫光着身子在冰天雪地里待了 1 小时 8 分钟，在这段时间里，他通过瑜伽和冥想来防止自己被冻住。

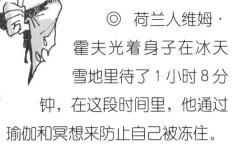

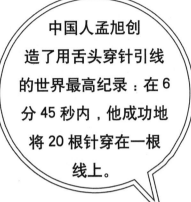

中国人孟旭创造了用舌头穿针引线的世界最高纪录：在6分45秒内，他成功地将20根针穿在一根线上。

◎ 两个美国人共同创造了一项世界纪录：他们一起坐在装有75只活响尾蛇的浴盆里。

◎ 非洲的巨型蜗牛是世界上有记载的最大蜗牛，它有39.3厘米长。

◎ 2004年，日本国内最大的医疗器械制造公司泰尔茂开发出一种世界上最细的注射针头，这一针头直径只有0.2毫米，扎进皮肤的伤口很小，病人几乎没有痛感。

从活人身上摘除的一个最大的肿瘤重137.6千克，直径1米。身体内长着这个巨瘤的妇女的体重都比它轻。

可 怕 的 事 实

英国人保罗·汉在 2004 年发出了世界上最响的饱嗝声，它达到了 105 分贝——和一列呼啸而过的地铁一样响。

◎ 生活在中非卢旺达和布隆迪两国的图西人是世界上平均身高最高的民族，该民族年轻人的平均身高是 1.83 米。

分布于刚果民主共和国（前扎伊尔）的姆布蒂人是世界上平均身高最矮的民族，男性的平均身高为 1.37 米，女性的平均身高为 1.33 米。

◎ 巴基斯坦的泽发·吉尔将 51.7 千克的重物夹在自己的右耳上，然后用右耳把它拉起来。

◎ 美国人加里·贝萧能够在嘴巴里把巧克力粉和牛奶调成奶昔，然后把它从鼻子里喷出来。在 1999 年，他破纪录地一次性调和了 54 毫升的奶昔。

在 40 多年的时间里，美国人查尔斯·延森接受了 970 场切除肿块的手术，其中大部分切除的是脸上的肿块。

◎ 1925 年 3 月 18 日，美国出现了一次强龙卷风，它的运动时速为 96.6 千米，横穿过 3 个州，行程达 354 千米，造成 689 人死亡，是世界上迄今为止有记录的最大一次龙卷风。

◎ 新西兰人克林特·哈勒姆曾经 3 次失去他的右手。1984 年，他的右手在事故中被切断，医生将它重新接回去；1989 年，由于感染问题，医生又将它切除；2001 年，他新移植的右手由于与身体产生排斥反应又被切除。

1982 年，一位名叫拉维的印度教徒向人们展示了自己的绝技，他在没有任何支撑的情况下独脚站立一直持续了 34 个小时。

◎ 在 2003 年，印度一名被称为蛇摩奴（摩奴是印度神话中的人类祖先）的男子在 30 秒内吞下了 200 条蚯蚓，每条蚯蚓至少有 10 厘米长。

◎ 英国人汤姆·兰帕德在他的整个身体上刺满了美洲豹的花纹，花纹中间的空隙则被文成黄色。这使得他成为地球上文身最多的人。

> 美国人布拉德·拜尔斯
> 在 1999 年吞下了 10 把 68.5 厘米长的剑，并在喉咙里将它们旋转了 180°。

◎　历史上最严重的流行性感冒发生在 1918 年，那一年正好是第一次世界大战结束的时候。它夺去了 2100 万人的生命，比在一战中死亡的人数还要多。

◎　非洲蝉是世界上发声最大的昆虫，在半米外测算它发出的鸣声，平均声压级为 106.7 分贝。

◎　瑞士人马可·赫特的嘴巴可以装下 258 根吸管。

◎　在 2002 年的某一天，英国人卡马·木可勇敢地在自己身上穿了 600 个孔。

◎　一名英国妇女的身上有 2520 个孔，甚至连她的舌头上也有一个指头般大的孔。

◎ 美国的一家野生动物园里养了一条缅甸蟒蛇，是现在世界上最重的一条蛇，它的体重有 183 千克，身体直径长达 71 厘米。

大齿猛蚁是地球上攻击速度最快的动物，它能在 0.13 毫秒内合嘴咬中猎物，比人类眨眼速度快 2 300 倍。

◎ 世界上吃的最快的动物是星鼻鼹鼠。从辨别猎物是否能吃开始，到捕捉并吃掉猎物，它所需要的时间是 120 毫秒。

有史以来最大的一次吃蛙腿盛宴于 2001 年在佛罗里达州举行。在那次盛宴上，1.32 万人吃掉了 3000 千克放在牛奶鸡蛋面糊里烤的蛙腿。

◎ 英国人尼克·汤普森创下的世界纪录是关于烤豆方面的：他在 3 分钟内用牙签戳着吃下了 136 颗烤豆。

◎ 1997 年 12 月 25 日，在泰国首都曼谷的墨丘利旅馆诞生了一块重 2.3 吨的蛋糕。这块由 10 多名厨师花了 360 个小时制成的巨型蛋糕长 8.4 米、宽 60 厘米，其原料为 210 千克面粉、300 千克糖、120 千克黄油、120 千克淡炼乳和 594 只鸡蛋。这块蛋糕被切成了 19 212 份送给客人们品尝。

1976 年 10 月 10 日，在希腊雅典的马拉松赛场上，98 岁的季米特里奥·恩约尔·丹尼斯用 7 小时 33 分钟跑完了马拉松全程，成为历史上年纪最大的马拉松运动员。

◎ 有记载的最长的蛇是一条 10 米长的蟒蛇。

血友病是一种遗传性疾病，得了这种病的人伤口处的血液无法凝结。1970 年，一名得了血友病的病人在接受心脏手术时，由于流血不止，医生共给她输了 1080 升血液，几乎是满满的 15 水桶。

◎ 生活在婆罗洲雨林地区的棒状虫是世界上有记载的最长的昆虫，英国伦敦的自然历史博物馆保存的标本长达 32.8 厘米。

◎ 英语国家中，很少有人能够以每分钟超过 300 个单词的速度讲话，但 1983 年 3 月，美国波士顿的一个无线电测试的记录显示，有一个名叫约翰·莫斯奇达的人在 58 秒内说完了 534 个英文单词。